AKIHIRO NAKATANI 中谷彰宏

メンタルが強くなる60のルーティン

ROUTINE 60

PHP研究所

【この本は、3人のために書きました】

①社内の人間関係が、うまくいかない人。

②人の言うことが、聞き流せない人。

③結果がなかなか出なくて、あせっている人。

01

はじめに

人間関係の悩みが解決すれば、仕事の悩みは解決する。

メンタルが弱くなる原因は、

① 人間関係
② 仕事

の2つが挙げられます。

人間関係に関しては、つき合い方がわからないという問題です。

仕事に関しては、社会に出て仕事を始めたり、新しい仕事を始めたり、仕事の量が多いという問題です。

仕事の問題も、結局は人間関係に起因します。

この2つは1つの問題なのです。

たとえば、「仕事の量が多い」と感じるのは、その人の生産性が下がって、一定時間内に仕事を片づけるエネルギーがないからです。

それは、**そのエネルギーが、仕事よりも人間関係に使われていることが原因です。**

「100」のエネルギーのうち、「95」が人間関係に使われたら、残りは「5」しかありません。

それで仕事をしろと言われても、その日のうちに片づかないのは当たり前です。

人間関係のことで仕事に集中できないと、メンタルが弱ってくるのです。

メンタルを強くするために 01

人間関係の悩みを解決しよう。

メンタルを強くするための60

01 人間関係の悩みを解決しよう。

02 上司を母親と混同して期待しすぎない。

03 会社で、ママを探さない。

04 善人と悪人で分けない。

05 相手の怒りは、相手に解決させる。

06
言葉だけに、反応しない。

07
間違ったら、修正しよう。

08
「みんなも大変」と考えよう。

09
自分の体の延長線だと感じよう。

10
まわりが敵ではなく、味方だと考えよう。

11
上下関係ではなく、役割分担と考えよう。

12
結果が出なくても、コツコツ続けよう。

13
自分の弱点も、見せよう。

14
ナマで見せ合おう。

15
「私は、悪くない」を卒業しよう。

16
相手の不機嫌に、
ビクビクしない。

17
断られた相手を、
嫌わない。

18
嫌われても害がない
ことを、体験しよう。

19
嫌われてもいいから、
信用されよう。

20
嫌いな人に、
感謝しよう。

21
「軽く見られた」と
考えない。

22
嫌われないために
するのではなく、
助けるためにしよう。

23
全員に認めて
もらおうとしない。

24
中間を
受け入れよう。

25
欠点を埋めるより、
好きなことを
伸ばそう。

26
好意は、断らずにお返ししよう。

27
勝ち負けで考えない。

28
ムダな仕事でも、感じよくしよう。

29
予定の変更を受け入れよう。

30
人生は、レンタルだと気づこう。

31
相手の変更を受け入れよう。

32
理不尽を、受け入れよう。

33
相手の気が変わる権利を認めよう。

34
結果の見えないことをしよう。

35
「足りない幸せ」を味わおう。

36 相手に100%を
求めない。

37 なんとなく、
始めよう。

38 研究より、
行動しよう。

39 壁を乗り越える
喜びを体験しよう。

40 効率のいい方法を
探すより、
やってしまおう。

41 ネットで
検索するより、
病院に行こう。

42 壁を乗り越える
ことで、
優しい人になろう。

43 結果を気にするより、
今を楽しもう。

44 した後悔を
しておこう。

45 重荷から、逃げない。

46
すべてのことを、行動しない理由にしない。

47
「証拠がないこと」をしよう。

48
ほめてくれる人より、楽しい人と一緒にいよう。

49
他者を受け入れることで、自立する。

50
ムッとしたら、寝よう。

51
体を、動かそう。

52
きちんと、ケンカしよう。

53
「いいね！」より「私は違う」に強くなろう。

54
好きなことのために、ガマンしよう。

55
鼻歌を歌おう。

56 人の目を気にしないことに、熱中しよう。

57 自然を味わおう。

58 いい子・悪い子キャラをやめよう。

59 マナーよくしよう。

60 失敗のたびに、改善していこう。

100%の期待をしよう、
0%の絶望をしよう、
中谷彰宏

あきひろ

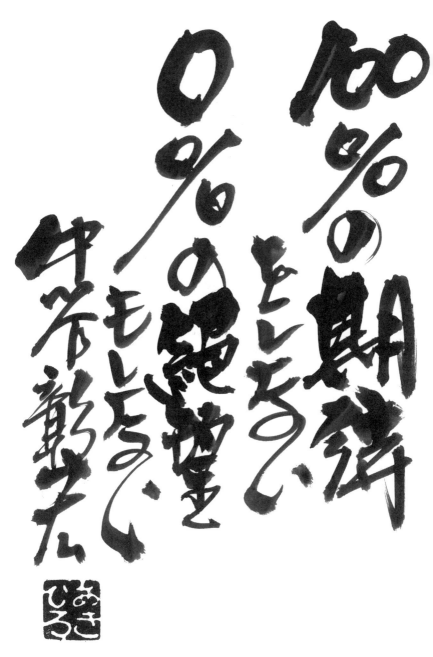

装丁――根本佐知子（Art of NOISE）

メンタルが強くなる
60のルーティン

Contents

第1章

上司は、母親ではない。

第2章

嫌われたは、勘違い。

第3章

変更は、運を連れてくる。

第4章

逃げるより、壁を越えたほうが楽だ。

第5章

ムッとすることで、ムダな疲れをため込まない。

第1章

上司は、
母親ではない。

02

上司は、母親ではない。

人間関係には、
① 母親
② 他人
③ 他者
の3通りがあります。
「他人」と「他者」とは、どう違うかです。
「他人」は、まったく関係のない人です。
「母親」は、100%自分を守ってくれる人です。

人間関係は、母親・他者・他人の
3通りしかない。

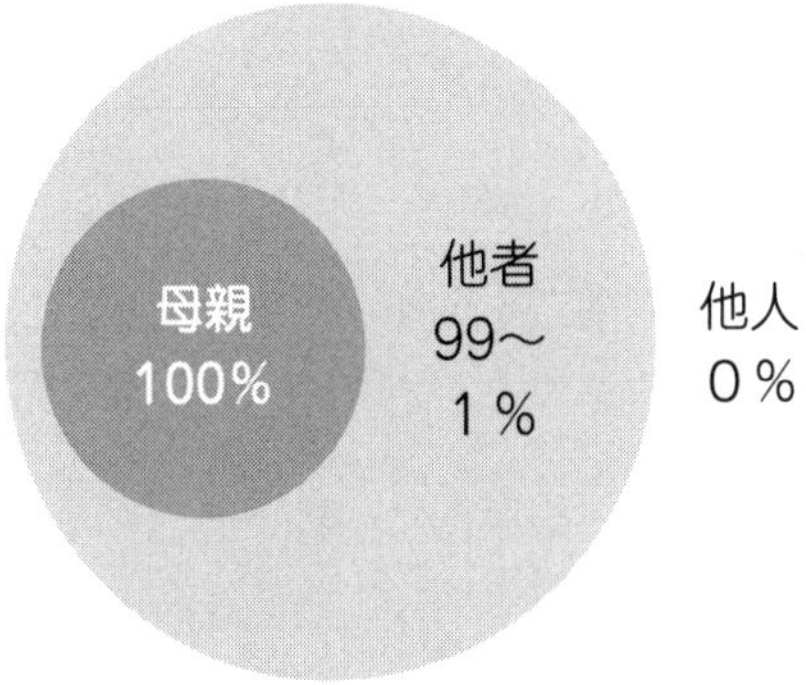

他者を、母親と混同しない。

「他者」は、その中間です。

学校へ行くまでは、人間関係は「母親」だけです。

学校へ行くようになると、世の中には「他人」がいることに気づきます。

人間関係が、関係100%と関係0%の人だけなら、なんら問題は起こりません。

むずかしいのは、100%でもなく、0%でもない、「他者」という存在があることです。

学校時代は友達を選べるので、ムリに「他者」とかかわらなくてもよかったのです。

会社に入ると、いきなり上司という「他者」にかかわらざるをえない状況に追い込まれます。

上司は選べないし、「イヤだ」とも言えません。

「お客様」も「同僚」も、自分が選んだ存在ではなく、環境から押しつけられた「他者」です。

「母親」と「他人」は自分で選べます。

「他者」は、自分で選べない、わけのわからないキャラです。

ストレスで行き詰まってメンタルダウンする人は、「他者」を「母親」か「他人」のどちらかに放り込もうとします。

3通りあるものを、ムリヤリ2通りに分けようとするのです。

その人は、上司を母親と考えます。

母親には利害関係がありません。

上司には利害関係があります。

仕事をして会社に利益を上げてもらわないといけない立場です。

100%、「いいよ、いいよ」「かわいい、かわいい」と言ってもらえないのです。

母親は、なんでも教えてくれます。

上司は「そんなことは背中を見て覚えろ」と言います。

メンタルダウンする人は、「上司は母親ではない」と思った瞬間、上司を「他人」に追いやって、0%の関係にしてしまうのです。


本来、「他人」は、満員電車に乗り合わせても、スクランブル交差点ですれ違っても、まったく害はありません。

その「他人」に追いやったはずの上司が、いきなり「あの仕事、どうなっているんだ」と脅迫《きょうはく》をしてくるのです。

これで、どうしていいやらわからなくなります。

問題点は、「母親」と「他人」の中間の「他者」という関係を持っていなくて、甘えすぎたり、完全に無視してしまったりすることです。

そもそも世の中には3通りあるのに、ムリヤリ2通りにしようとすることには限界があるのです。

ここから意識を変えていきます。

上司は、「母親」でもなければ、「他人」でもありません。

「母親」だと思って甘えていると、どこかで突き放されます。

100％の関係に近い上司であればあるほど優しくしてくれます。

「おまえはオレの子どもだ。オレを親と思え」と言うのです。

まるでマンガの『暗殺教室』に出てくる悪役・鷹岡明《たかおかあきら》先生です。

「100」と思っていると、「1」足りなくて「99」になった瞬間に「裏切られた」ということになります。

このショックが大きいのです。

上司に限らず、仲よしと思っていた同僚にも、これが起こります。

裏切ったわけではありません。

自分の期待値が「母親」だったので、それとの落差を「裏切られた」「冷たくされた」「突き放された」という解釈をしただけです。

相手は最初から「99」とか「1」の存在です。

動いたわけではないのです。

特に、**日本の会社というものは、家族的であって家族ではないところが、むずかしいところです。**

外国の会社は、最初から利害団体で、「他人」なのです。

メンタルを強くするために02

上司を母親と混同して期待しすぎない。

03

味方を、切り捨てない。

子どもにとって、父親は優しくしてくれる「他者」です。

社会には、父親的な人がたくさんいます。

子どもの時に、家庭内でお父さんがガケから突き落とすような教育をしていると、社会に出てからの衝撃はなくなるのです。

優しい上司に「この人が母親に違いない」と、すり寄っていくと、どこかで母親でないことに気づきます。

おっぱいを飲ませてくれないのです。

その瞬間、最初から「他人」と思っている人より、もっと嫌いになります。

自分のことを「天涯孤独」「母なき子」と感じます。

こういう人は、上司に限らず、すべての人間関係において、いい人を見ると、「あなたは私のお母さんじゃないですか」と、すり寄っていきます。

それが母親ではなかった時に、「あの人、最低」と、怒りの対象になるのです。

自分自身も落ち込みます。

そのショックでエネルギーを消耗します。

本来、**関係「99％」の人は強力な味方です。**

それを切り捨ててしまうと、味方はどんどんいなくなって、さらに孤立します。

関係「1％」の人は、捨ててもそれほどマイナスにはなりません。

関係「99％」の人を自分から切り捨ててしまったら、こんなに疲れることはありません。

たとえば、読者が、ある作家の本を読んで、「この人は私の気持ちをわかってくれる」と思い込みます。

作者に手紙を書くと、なんと、返事が来ます。

「やっと母親にめぐり会えた」と思ったら、次に手紙を書いても返事がないのです。

ここで「裏切られた」「母親に捨てられた」という恨《うら》みになって、ネットで悪口を書くという展開になるのです。

実は、ネットで悪口を書かれている人は、書いた人に優しくしている人です。

たとえ優しくしても、どこまでいっても母親ではありません。

母親は、1人いればそれでいいのです。

まず、「母親」と「上司」の区別をつけることです。

世の中には「他者」という存在がいるとわかるだけで、精神的にラクになります。

「この人は、他者のわりにはけっこう優しいな」と感じられます。

最初から期待感が高いと、マイナスしか感じなくなるのです。

メンタルを強くするために03

会社で、ママを探さない。

04

上司は、善人でも、悪人でもない。

世の中には「善人」と「悪人」の2通りがいると思い込んでいる人がいます。

古典的な時代劇では、善人は見るからに善人、悪人は最初から悪人ぽいのです。

役者さんまで決まっていました。

今のドラマは違います。

ストーリー的にも、善だと思った人が悪で、悪だと思った人が善だったりします。

メンタルの弱っている人は、昔の時代劇に生きている人です。

実際には、善でも悪でもない人が世の中にはたくさんいます。

1人の人間の中は、もっと複雑です。

「善人の要素」と「悪人の要素」が両方あるのです。

世の中の常識が動けば、善と悪は入れかわります。

立場の違いでも、善と悪は分かれます。

お店の立場から見た善と、お客様の立場から見た善とは違います。

人間的な善も、商売的な善もあります。善と悪は、単なる二元論ではないのです。

小さい世界で生きている人は、「善人でなければ悪人。悪人でなければ善人」という解釈になります。

会った人に対して、常に「善人か悪人か」というところから入るのです。

「いいね！」と承認してくれた人に対して、「あの人はいい人だ」と思います。

「いいね！」が99あっても、1回のレスがないと、「なんと、あの人は意外にも悪人だった」とショックを受けるのです。

最初から「いいね！」を押していない人は恨みません。

「あの人は悪人」と決めているからです。

一番つらいのは、一度「いいね！」を押してくれた人を善人と思うことです。

ある時、忘れたのか、忙しかったのか、いろいろ事情があって、「いいね！」が返ってこないことがあります。

その瞬間、「あの人は最低だ」「私はあの人から見放された。また天涯孤独だ」と思うのです。

状況はなにも変わっていないのに、自分自身があたふたして疲れていくのです。

すべての人の中に善と悪があるのだと思えば、なにもショックは受けません。

ムダなエネルギーの消耗をなくすことで、メンタルは強くなります。

メンタルの弱っている人は、喜怒哀楽のアップダウンが大きいのです。

うれしい時にメチャクチャ喜んで、１回「いいね！」がなかった瞬間に、ドーンと落ち込んでしまうのです。

メンタルを強くするために04

善人と悪人で分けない。

05

相手の怒りは、ほかに原因がある。自分が解決しなくていい。

上司やお客様や同僚が怒っている時があります。

すべての怒りは、怒りの原因をつくった人にはぶつけません。

人間は理性があるので、その場では踏ん張ります。

そのかわり、次に会った関係ない人に、なにかのキッカケでぶつけてしまうのです。

上司が激怒している時は、

「こんなに役職が上がった立派な人でも、なんかイヤなことがあるんだな」

「この人をムッとさせている人もいるんだな」

と考えることです。

ほとんどの場合、出がけに奥さんにヤイヤイ言われてムッとして、奥さんになにも言えなくて、かわりにその怒りを部下にぶつけているだけです。

相手の怒りを解決する必要はまったくありません。

「今日、奥さんに叱《しか》られたんだな」

「なんか娘さんに冷たくされたんだな。気の毒に」

と思えばいいのです。

相手の怒りは、相手に解決させます。

相手の怒りが炸裂《さくれつ》している時は、「この人も頑張っているんだな」と思ってあげればいいのです。

メンタルを強くするために05

相手の怒りは、相手に解決させる。

06

直接的愛より、間接的愛を感じ取る。

「上司が自分に対して冷たい」と言っている人がいます。
「冷たい」「温かい」は、愛情で決まります。
愛情には、「直接的愛」と「間接的愛」の2通りがあります。
ドラマは常に間接的な愛を描いています。
昔から恋愛ドラマの定番です。
恋愛ドラマから学んだほうがいいのです。
間接的な愛だから、感動があるのです。

たとえば、『あすなろ白書』で、石田ひかりさん（園田《そのだ》なるみ役）と木村拓哉さん（取手治《とりでおさむ》役）がつき合っています。

石田ひかりが夜中にキムタクに電話をすると、まったく連絡がつかないのです。

「きっとほかに好きな人ができたんだ」と思っていたら、キムタクは誕生日に指輪をプレゼントしてくれます。

彼は、指輪を買うために道路工事をしていたのです。

「なんで連絡がつかないの」と言われた時に、キムタクは「これを買うために道路工事をしていたんだよ」とは言いません。

それを言うと、恩着せがましいし、イヤらしいのです。

ここがキムタクのカッコいいところです。

キムタクのキャラは、ここで決まっています。

そのあとのドラマも、延々とそういうキャラで通しています。

石田ひかりが「こんな指輪、いらないわ」と投げ捨てても、なにも言わないのです。

あとになってキムタクが夜中に道路工事をしていたことを知って、石田ひかりは指輪を投げ捨てた河原に探しに行きます。

すると、キムタクが懐中電灯で探しているのです。

これが恋愛ドラマの基本です。

直接的な愛は「指輪」です。

この指輪がいくらで、いかに手に入りにくいもので、給料3カ月分で、というようなことです。

その指輪のために黙って道路工事をしているのが、間接的な愛です。

この間接的な愛がわかるかどうかです。

上司も、同僚も、まわりの人も、みんな間接的な愛の人です。

母親を求めている人は、直接的な愛ばかり求めています。

父親的な愛は、間接的な表現になります。

父親は直接的な愛の表現がヘタなのです。

これが父親と母親の役割分担です。

会社の上司は、母親的ではなく、父親的です。

どちらかというと、間接的な愛の表現の仕方をします。
それがわからないと、「冷たい」と思って落ち込んでしまうのです。

メンタルを強くするために06

言葉だけに、反応しない。

07

性善説でも性悪説でもない。人は必ず間違い、必ず修正できる。

あなたは性善説ですか。性悪説ですか。
どちらも人間を善と悪で分ける二元論の考え方です。
結局、どちらをとってもしんどくなります。
人間は、必ず間違いを犯す動物です。
一生の中で、間違いなしで生きることはできません。
そう思うと、少しせつなくなります。
要素は3つあります。
① 必ず間違う

② 必ず修正できる

③ 修正したら、許してもらえる

これが「性誤説」です。

性善説でもなければ、性悪説でもないのです。

上司も、同僚も、お客様も、「性誤説」の上に成り立っています。

自分が間違いを犯したら、修正すればいいのです。

それを許してもらえるかどうかは、自分が悩むことではありません。

部下が間違いを修正しているのに上司が許せないのは、上司の器《うつわ》の問題です。

「山にでもこもって、器を鍛《きた》えてこい」という話です。

上司の問題を抱え込む必要はないのです。

部下は間違いを修正します。

上司はそれを許します。

役割を分けるのです。

上司の分の役割までする必要は、まったくありません。

上司が許すかどうかは、部下は決められないからです。

上司がなかなか許してくれないとしたら、「あの人もなかなか大変だ。今、器を大きくする修業中なんだな」と思っていればいいのです。

これは、お互いさまです。

部下は過《あやま》ちを修正することで許してもらいます。

上司は今、許せるような人間になろうと修正しています。

部下は、それを待ってあげればいいのです。

メンタルを強くするために07

間違ったら、修正しよう。

08

しんどいのは、自分だけではない。

偉人たちも、途中は「なんでこんなバカなことをしちゃったんだろう」と後悔しています。

これは偉人伝には書いていません。

あとに引き下がれなくて続けているだけです。

「しんどいのは自分だけではない」と思うと、少しほっとします。

「みんながラクで、自分だけしんどい」と思うと、さらにしんどくなるのです。

アメリカで一番自殺が増えたのは、1929年のウォール街の世界恐慌の時です。

1920年代のアメリカは大好景気でした。

ウォール街で儲けた人たちが、たくさんいました。

ビルがどんどん建って、成金を輩出しました。

そんな中で弾けたのです。

最も打撃が大きかったのは、お金持ちです。

貧しい人はそもそも上がっていないので、関係ありません。

当時、エンパイア・ステート・ビルは「飛び降りビル」と呼ばれました。

エンパイア・ステート・ビルは、ちょうど世界恐慌の時にでき上がりました。

今は屋上の展望台に柵がありますが、昔のビルは窓が開くので、飛び降りられたのです。


「自分1人が失敗した」と思うと、死にたくなるのです。


太平洋戦争が始まると、自殺は減りました。

みんなが大変な時は、自分もそれほどしんどくないのです。

メンタルがダウンしている人は、他者との関係を切り捨てていきます。

「みんなが大変」という状況がわからなくなって、「大変なのは自分1人」と思い込んでしまうのです。

母親としか関係を持たない人は、「自分だけが大変で、まわりは大変ではない」と思ってしまいがちです。

これがまわりとつながっていくことの大切さなのです。

メンタルを強くするために08

「みんなも大変」と考えよう。

09

自分の体の延長線上と感じることで、メンタルがアップする。

電車の中で隣に座っている見知らぬオッサンを敵と感じた瞬間、メンタルは下がるのです。

新幹線の指定席で隣に誰が座るかは、当たり・ハズレがあります。

隣の席の人が敵か味方かは、出会ってすぐに決めます。

最初に**「やっぱりこいつは敵だ」と決めるから、敵と思える証拠を見つけ始めるのです。**

警察が「こいつが犯人だ」と決めつけて、証拠を探すのと同じです。

ところが、**味方と思っていると、味方と思えるデータを見つけるようになります。**

これは、上司や同僚に対しても同じです。


僕が小学生の時、学校の先生は厳しかったです。

僕の親も厳しかったので、「自分は預けられた王子で、この人たちはそれを知っているんだ」と思っていました。

この解釈は、親を味方と考えているからできるのです。

味方と考えることによって、まわりの解釈は変わります。

これは、料理における包丁と同じです。

包丁を敵と感じたら、体がこわばって指を切るのは当然です。

包丁で指を切る人は、腰がひけています。

腰がひけて指の先でつまもうとするから、よけいに切れるのです。

猫手にした手を包丁に当てられるのは、味方と思っているからです。

怖がって逃げれば逃げるほど、包丁は危険な脅威になっていくのです。

メンタルを強くするために09

自分の体の延長線だと感じよう。

10

犬を味方と考える人はかわいくなり、敵と考える人は、怖くなる。

「母親」「他人」「他者」の中で、「『他者』という言葉をどう感じるか」と聞くと、メンタルの弱っている人は、「他者は敵ですよね」と言います。

他者は、敵かどうかはわかりません。

まず人を見たら「敵」と考えるのが、メンタルの弱っている人です。

自分と一体化していない存在だと思っているのです。

味方とは、自分と一体化している存在です。

たとえば、包丁を持つことにストレスを感じる人がいます。

料理が苦手な人は、包丁を敵と感じています。

「包丁」イコール「指を切るもの」だからです。

「包丁は指を切りにかかっている。こんなに危ないモノはない。取り締まってほしい」と考えているのです。


料理ができる人にとって、包丁は自分の体の一部です。

手の延長で、ニンジンを切る道具です。

指を切るなんて、そもそも考えていません。

自分で自分を殴ることはないのです。


メンタルの弱っている人は、道具を自分の体の延長と考えられません。

究極は、「私のここが気に入らない」と、自分の体を敵にまわします。

「なんで手がこんなに不器用なんだろう」

「なんで足がこんなに太いんだろう」

「なんで顔がこんなに大きいんだろう」

と、自分自身を敵と考えます。

これでメンタルが下がるのです。
味方と思っている人は、すべてが自分の体の延長です。
どこもホームになります。
相手も自分の体の延長と感じられるから、相手に対して優しくします。
相手の気持ちもわかります。
相手が「暑い」と思っていたら、自分も「暑いよね」と感じられるのです。

まわりが敵ではなく、味方だと考えよう。

11

「こき使われる」は、ない。

メンタルの弱っている人は、すべてのことを数値化しようとします。

たとえば、「高校時代、空手をやっていました」という話をすると、「何段ですか」という質問が多いのです。

何段といっても、それぞれのところで基準が違います。

「瓦《かわら》は何枚割れるんですか」とか「どれぐらい強いんですか」とか、そんなことは関係ないのです。

数値化した見方しかできないのが、デジタル的なしんどさです。

究極、初対面の人に「いくつ?」と聞いてしまいます。

わけのわからない「他者」とかかわるために、まず年齢を聞いて安心しようとするのです。

そうすれば、上なら上、下なら下として接することができます。

他者とのつき合いは、役割分担というフラットな関係でいいのです。

たとえば、ピッチャーとキャッチャーで、どちらが上ということはありません。

「外野のくせに」と言うと、「エッ、内野のほうが偉いの?」とびっくりされます。

「外野のほうが、たまにしかボールが飛んでこない」とか「ピッチャーはボールに一番さわっている」とか「ファーストは受けるだけのくせに」と言われることはないのです。

会社のポストも役割分担です。

上下関係ではありません。

「自分は会社ではまだ下っぱだから、こき使われている」と思うと、ストレスが残ります。

「フォワードがこき使われている」とか「サイドバックの長友がこき使われている」ということがないのと同じです。

長友佑都《ながともゆうと》選手はチームの中で一番走っています。

1試合で12キロです。

これに対して、川島永嗣《かわしまえいじ》選手に「ゴールキーパーはいいよね。他のポジションに比べて、あまり走らなくていい」と言うのはおかしいのです。

キャプテンにメンバーがこき使われているということもありません。

ところが、会社で上下関係で物事を見るようになると、急に「お客様にこき使われている」「上司にこき使われている」と考えるようになります。

やがて部下を持つようになると、「部下に文句を言われる」ということで、中間管理職は板挟みになるのです。

常に自分がみんなからバカにされ、こき使われているというしんどさです。

スポーツのポジションに「こき使われる」がないのと同じように、仕事でも「こき使われる」は、ないのです。

会社の人事は営業活動がないので、稼ぎはありません。

だからといって、「あいつは稼いでいない。自分は稼いでいる」と考えるのはおかしいのです。

ピッチャーは、「プロ野球ニュース」で打たれるところしか映りません。

それがピッチャーの仕事だからです。

ゴールキーパーが得点できないのは当たり前です。

上下関係で物事を考えていくと、しんどくなります。

上司は、上から目線でものを言っているのではありません。

役割分担で指示を出しているだけです。

そう考えると、しんどくならないのです。

メンタルを強くするために 11

上下関係ではなく、役割分担と考えよう。

12

結果が出なくても続けることで、評価される。

一番メンタルを下げるのは、人間関係の問題です。

人間関係で問題が起きる一番大きな原因は、仕事ができないことではありません。

仕事ができなかったことによって、上司に「あいつはダメだ」と思われます。

そこまでは平気なのです。

「あいつはダメだと思われて、切り捨てられるかもしれない」というのが最大の恐怖感なのです。

実際は、仕事がダメだからといって切り捨てられることはありません。

「あいつは仕事ができないけど、コツコツやっている」

「この厳しい状況の中で負け試合が続いていても、まだ頑張って続けている」と、逆に評価されます。
結果が出ないことで嫌われることはないのです。

結果が出なくても、コツコツ続けることです。
続けることは、メンタル的に一番大切で、みんなから評価されます。
口に出して評価されなくても、心の中では評価してくれているのです。
継続しているものが、自分と一体化していく共同体の仲間になります。
コロコロ変えていると、仲間になれません。
社会に出るということは、自立することです。
自立するということは、共同体の中でうまくやっていけることです。
そのためには、結果が出ない時でも続ける必要があります。
そのうちに、自分のメンタルは上がっていきます。
たまには休んでもいいですが、会社に出て仕事を続けることが、メンタルをアップさせるコツです。
毎日会社に出てくるだけで、メンタルはアップしていくのです。

メンタルを強くするために 12

結果が出なくても、コツコツ続けよう。

第2章

嫌われたは、
勘違い。

13

自分を出さないと、友達はできない。自分を出して嫌われるのは、もともと友達ではない。

友達ができない原因は、友達のつくり方を間違えているのです。

「こんなに自分は『いいね！』を押しているのに、なぜ友達ができないんだろう」

「ＬＩＮＥが来たら、即返事をしているのに」

「自分がどんなに忙しくても、夜、寝ていても即返しているのに」

と、友達ができなくて文句を言う人がいます。

大切なのは、即レスをしてくれることよりも、自分をさらけ出せるかどうかです。

ハダカになってホンネを言えたり、自分の弱点を見せられたりするのが、本当の友達なのです。

「自分の弱点を見せたら、嫌われるんじゃないか」と心配する必要はありません。

たとえば、「過去に1回、弱点を見せたら嫌われたことがある。だから、もう自分の弱点を人には見せられない」と言う人がいます。

嫌われた経験がトラウマになっているのです。

ところが、よく考えると、弱点を見せて嫌われた相手はそもそも友達ではなかったのです。

自分が勝手に相手を友達だろうと思い込んで、弱点を見せて嫌われただけです。

それは、友達だった人が友達でなくなったのではありません。

そもそも、最初から友達でなかった人が、「友達ではなかった」とわかったにすぎないのです。

メンタルを
強くする
ために 13

自分の弱点も、見せよう。

14

コミュニケーションとは、本当の自分を見せ合うことだ。

たとえば、同窓会に行くと、「今、なにやってるの?」と聞く人が必ずいます。

これは、聞いている側に悪意はありませんが、一番イヤな質問です。

よくあるのは、いい会社に入った人が、就活でうまくいかずに、誰も知らない小さな会社に入った人に対して聞くというパターンです。

いい会社に入った人は、自分がどこに入ったのか聞いてほしいから、まず相手に聞くのです。

その時に、「見くだされた」と思って、堂々と答えられない人がいます。

「会社名を言ったらバカにされる」と思って、ウソで話を盛ってしまうのです。

ここで「小さい会社なんだ」「今、失業しているんだ」と言っても嫌われないのが、本当の仲間であり、本当の友達です。

人生においては、こういう出会いが大切です。

見栄を張って友達づき合いをしている人は、本当の友達ができません。

見栄を張るためにウソをついて友達をつくっても、自分の中で「友達になった感」がありません。

いつも「詐称《さしょう》がバレたらどうしよう」と思ってビクビクしているから、安心できる友達感がないのです。

ところが、最初から弱点を見せている友達関係では、もう壊れようがありません。すでに最低なところを、お互いに見せ合っているからです。

僕は、予備校の寮で一緒だった仲間とはずっと仲のいい友達です。

寮生活では、「どれだけ気が弱いか」「どれだけ意志が薄弱か」「どれだけ虫が怖いか」という、自分の最低な部分が出てしまいます。

虫が怖いことがバレるのは、男としては最も恥ずべきことです。
それでも、「自分より怖がりがいる」とわかると、今まで以上に仲よくなれます。
だからこそ、嫌われることを恐れずにナマの自分を出したほうがいいのです。

メンタルを強くするために 14

ナマで見せ合おう。

15

誰も「あなたが悪い」と責めていない。

メンタルの弱っている人が叫び続けているのは、「私は、悪くない」というたった1つのことです。

言いわけの本心は、「私は、悪くない」という思いです。

たとえば、「おまえ、責任とれ」と言われると、「あなたが悪い」と翻訳してしまうのです。

「責任とれ」とは、「解決しろ」ということです。

誰が悪いのかは問題にしていません。

勝手に自分の中で「あなたが悪い」と言われたと思うから、言いわけが始まるのです。

上司が求めているのは、言いわけより解決です。

誰も「あなたが悪い」とは言っていません。

「責任とれ」という言葉を、勝手に「おまえが悪い。オレはおまえに幻滅した。もうおまえとは仕事をしたくない」という意味に解釈しないことが大切なのです。

メンタルを強くするために 15

「私は、悪くない」を卒業しよう。

16

相手が不機嫌だからといって、自分を嫌っているわけではない。

たとえば、上司が不機嫌というだけでビクつく人がいます。

「自分を嫌っているから自分に対して不機嫌なんじゃないか」という思い込みは間違っています。

不機嫌な上司は、みんなに対して不機嫌なのです。

ところが、自分が接している時は1対1なので、

「自分にはそっけない」

「挨拶したのに返してくれなかった」

「なんか今日は目を合わせてくれない」

「いつもランチに誘ってくれるのに、今日は誘ってくれない」となると、嫌われているように感じてしまうのです。


これは、軍隊でもあります。

軍隊の上司と部下は、ウエットな関係になりがちです。

実際に自衛隊の人から聞いたのは、たまたまトイレに行っていたAさんが連絡事項を聞いていなかったという話です。

Aさんは、「みんなが聞いていて、自分だけ聞いていないのはわざとだ、みんなにいじめられている」と思って、そのままウツになってしまったそうです。

たまたま1人がトイレに行っていて不在というのは、よくある状況です。

連絡事項を言った側は、誰かがAさんに言うだろうと思って、「Aさんに言っておいてね」という伝言が抜けてしまっただけです。

「自分は嫌われている」と思うことで、解釈の相違が起こるのです。

メンタルを強くするために 16

相手の不機嫌に、ビクビクしない。

17

叱られても、断られても、嫌われたわけではない。嫌われたわけではない。

叱られると、「嫌われた」と思う人がいます。

実際は違います。

期待されているから、叱られるのです。

期待されなければ、叱られもしません。

「あいつに言っても仕方がない」と思った時点から、叱ることはなく、ノータッチになります。

みんなは叱られずに自分だけ叱られたからといって、「叱られた」イコール「嫌われた」と考えないことです。

叱られることは、愛情を注いでもらっているということであって、嫌われたわけではありません。

これは、学生時代に、生徒と先生との関係で1回体験しておけばわかることなのです。

断られた場合も同じです。

たとえば、上司から「なんでもいいからアイデアを出せ」と言われました。

同僚と2人で企画を出すと、自分の企画がボツになり、同僚の企画が通りました。

そこで「嫌われた」と思わないことです。

自分がボツになったのは、単に企画が面白くなかっただけです。

どっちの企画がいいかは、試して、結果を見なければわかりません。

明らかに1つわかることは、「上司は、同僚の企画のほうが好みだった」ということです。

ボツになるか通るかは、上司の好みの差です。

「好み」とは、「ポークカレーが好きか、ビーフカレーが好きか」という差でしかありません。

それは上司の問題です。

部下の対策としては、上司の好みを見抜くことです。

「上司はこっちが好みなんだな」と見抜いて、上司の好みに合う加工をして企画を出すことです。

自分の企画がボツになった時に、「嫌われた」と考える人は、努力をしなくなり、相手のことが嫌いになります。

「どうせ嫌われているし」と思う相手とは、ぎくしゃくした関係になります。

その後に出す企画もよけい通らなくなります。

「これはあまり上司の好みじゃないな」と考える余裕ができると、上司の好みの企画を持っていけるようになるのです。

友達に「お昼ごはんを一緒に食べに行こう」と誘って、「ちょっと約束があるんだ」と断られることもあります。

これだけで「もう嫌われた」と思う人がいます。

誘われて「ノー」と言うことは、誰にでもあることです。

「嫌われた」と思う人は、自分が誘われた時は、どんなに用事があっても絶対に断りません。

そこでストレスがたまっていくのです。

「自分は断らない」と考える人は、相手から断られた時に、「原因は嫌われているからだ」という解釈になってしまうのです。

メンタルを強くするために 17

断られた相手を、嫌わない。

18

嫌われることで、ウツにはならない。嫌われることを恐れることで、ウツになる。

嫌われることでメンタルが弱くなる人はいません。

メンタルが弱くなるのは、嫌われることを恐れるからです。

「自分のメンタルが弱くなっているのは、あの人に嫌われたからだ」と思うのは、間違っています。

人から嫌われても、元気な人はいます。

もともとドロップアウトしている人間は、みんなから嫌われて、「嫌われても害がない」ということに早く気づきます。

ところが、**優等生は「嫌われたら人生は終わりだ」と考えます。**

嫌われることに対しての免疫が、まだできていないのです。

インフルエンザの予防注射を打っていないのと同じです。

メンタルの弱くなっている人は、

「嫌われたら、もうこの会社では生きていけない」

「社会人としての自分の人生は終わった」

「そのうち自分は飛ばされるんだ」

「そのうち自分はリストラされるんだ」

「自分は路頭に迷ってホームレスになって、一生独身だ。段ボールの中で死んでいくんだ」

と、短絡的な極論へいきます。

これは、嫌われたからではなく、嫌われることを恐れていることが原因です。

「嫌われても害がない」ということを早く学習すればいいのです。

メンタルを強くするために18

嫌われても害がないことを、体験しよう。

19

嫌われても、信用される人もいる。

「嫌われる」と「信用」とは、違う軸です。

「あいつ、嫌いだけど、仕事はできるから頼む」というのが社会人です。

社会に出ると、「嫌いだから使わない」とはなりません。

「好きな人だけ使って、嫌いな人は使わない」となると、勝負に負けるからです。

「あいつ、嫌いだけど、いい仕事をするから使う」というサッカーの監督のように、ダブルスタンダードを持てるのが大人の社会です。

「嫌いだから使わない」が通じるのは、学校という狭い範囲の中だけです。

社会は、学校とは違います。

利益を上げる、ビジネスをする、会社を存続させることを考えて、嫌いでも信用できる人は使います。

それならば、「嫌われてもいいから、仕事で信用されて使ってもらう」ことを目指せばいいのです。

逆に、好かれようと努力したり、好かれることにエネルギーを注ぐ人は、仕事を一生懸命しなくなります。

それでは、会社で使ってもらえなくなります。

大切なのは、上司に使ってもらうことです。

それが会社の役に立ち、社会の役に立つことです。

「こんなにしてるのにまだ好かれない。やっぱりあのカラオケを断ったのがいけなかったかな」と、二次会、三次会、締めのカラオケまでつき合っている間に、仕事を一生懸命している同僚もいます。

カラオケにつき合う部下ではなく、カラオケを断って企画書を書いている部下に仕事が転がり込むのは当然です。

それでも、「こんなにやってもまだダメか。やっぱり根本的に自分は嫌われているんだな」と思う人がいます。

「嫌われている」というのは、反省の中で一番ラクな解釈です。

そのあと、なんの改善もしなくていいからです。

「うまくいかないのは自分が嫌われているから」という言いわけは、究極の逃げです。

大切なのは、「嫌う」と「信用」という2つの軸です。

社会では、どんなに嫌われていても、仕事ができて信用される人にチャンスがめぐってきます。

好き嫌いだけで部下を選んでいられるほど、会社は甘くないのです。

メンタルを強くするために 19

嫌われてもいいから、信用されよう。

20

嫌いな人を嫌ってもいいから、感謝する。

嫌われることを恐れる人は、「人間に好き嫌いを言ってはいけない」と、自分が嫌うことも恐れます。

ここにムリがあるのです。

人間なら、好きな上司もいれば嫌いな上司もいるのは当たり前です。

嫌いな上司のほうが圧倒的に多いのです。

上司という役割自体、めんどうくさい存在だからです。

その上司をうまく利用し、活用することが、組織の中で仕事をしていく上では大切です。

選べない上司に文句を言うより、好かれてスタメンに選んでもらうことです。

その時に、「嫌ってはいけない」と思わないことです。

好き嫌いの感情は持っていいのです。

ただし、その軸とは別に、感謝する軸を持つことです。


「嫌い」と「感謝」は別のものです。

メンタルのある人は、人間と仕事を分離して考えます。


「あの人のことは嫌いだけど、仕事はできるんだよね」

「あの人のことは嫌いだけど、すごく大切なことを教わった」

と思えるなら、平気で嫌っていいのです。

ところが、「『嫌い』と口に出すのはよくない」と思い込んでいる人がいます。

そうなると、好きな人には感謝しても、嫌いな人には感謝しません。

「好き嫌い」と「感謝」の軸を別に持てない人は、感謝知らずになり、感謝の量が減っていくのです。

メンタルを強くするために20

嫌いな人に、感謝しよう。

21

「誰でも間違いはある」と考えると、余裕が生まれる。

なにか不本意なことが起こると、「たまたまではなく、原因は自分が嫌われているからだ」と解釈されるのは、飛行機のクレームでも多いことです。

機内のドリンクサービスは、左右の列から同時に始まり、早く進んだ列が反対側へ折り返します。

そうすると、ちょうどワゴンが重なった場所で、どのお客様まで行ったかわからなくて、1人だけポツンと抜けることがあります。

その時に、客室乗務員が「すみません、今お持ちします」と言っても、「もういいです」と怒る人がいます。

これがクレームになるのです。

クレームの原点は、「自分は嫌われた」「見くだされた」とお客様が感じたことです。

たとえば、客室乗務員がお客様から「すみません、コーヒーください」と頼まれました。

頼んでいないお客様にコーヒーを渡して、頼んだお客様がずっと待つということも起こります。

「見くだされた」「バカにされた」と思う人からは、あとでクレームレターが届きます。

「すべての人は間違いを犯す」という前提に立っていれば、こんなことでイラッとはしないのです。

昼の中華料理屋でも、自分の料理だけが来ないということがあります。

注文したのは、一番簡単なチャーハンです。

「誰でも間違いはある」という前提で考える人は、「こんなことはよくあるよね」と思ってイライラしたりしません。
そうすれば、「酢豚が来て、なぜチャーハンが来ないんだ」「ほかの人のチャーハンは来ているじゃないか」と怒ることはないのです。

メンタルを強くするために 21

「軽く見られた」と考えない。

22

嫌われないから愛される、ということはない。

「嫌われたくない」と思っている人は、「愛されたい」という気持ちを持っています。

これは、恋愛だけではありません。

仕事でも、上司・同僚・部下・仲間から愛されたいと思っています。

その手段として、「嫌われなければ、愛されるはず」という考え方は間違っています。

「嫌いじゃないけど、別に誘いたいとは思わない」とAさんは思われていました。

そうすると、Aさんは「私は嫌われないために、一次会、二次会、三次会、カラオケまでつき合っているのに、なんで愛されないの?」と考えます。

愛される人は、「あいつ、どうしようもないけど憎めないよね」「あいつ、偏《かたよ》ってるけどな」と思われながらもかわいがられます。

「嫌われない」イコール「愛される」ではありません。

嫌われないことで愛されようとするエネルギーを、もっと自分の好きなことにぶつけるエネルギーに変えればいいのです。

「好きなことが自分にはない」と思う人は、仕事を一生懸命することです。

そうすると、必ず評価してくれる人があらわれます。

嫌われないようにいくら努力しても、評価してくれる人は出てきません。

「あいつ、一緒にいると疲れるよね」「なんか痛々しいよね」と言われるだけです。

嫌われないための努力をする人は、エネルギーをかける方向を間違えているのです。

メンタルを強くするために22

嫌われないためにするのではなく、助けるためにしよう。

23

みんなに認めてもらおうとすると、自信がなくなる。

世の中で、全員が認めることはありません。

とんがった仕事、先進的な仕事であればあるほど、「あいつがしていることはいかがなものか」と言われます。

たとえ、ベストセラーを出しても「あんなの、あざといよね」と悪口を言われます。

ヒット商品を出して会社の売上げに貢献しているにもかかわらず、「あいつはなんだ」と、悪口・ねたみ・そねみが生まれるのです。

それまでフォローして、みんなから認めてもらおうと思うなら、仕事ができないほうが会社では嫌われません。

仕事ができるようになって出世コースにのると、必ず嫌われます。かといって、仕事ができない人は「あいつは会社に貢献していない」「給料泥棒だ」と言われます。

仕事ができても、できなくても、嫌われるのです。

大切なのは、全員に認めてもらおうとしないことです。

ネット社会は他者承認社会なので、全員に認めてもらうことが可能であるかのように思いがちです。

全員に認めてもらうことはムリだと気づいて、この思い込みから早く卒業することです。

そうすれば、たった1人に認めてもらうだけで自信が持てるようになります。

レベルが上がれば上がるほど、全員に認めてもらうことはできません。

会社という集団では、仕事ができるだけで「なんだ、おまえ。目立ちやがって」と嫌われます。
仕事ができることでみんなから認められるか、仕事ができないことでみんなから嫌われないようにするかで迷うと、どっちつかずになって一番ストレスがたまるのです。

メンタルを強くするために23

全員に認めてもらおうとしない。

24

「よくわからない」が、あっていい。

アンケートでは、「はい」「いいえ」のほかに「どちらでもない」という選択肢があります。

二元論の人は、「はい」と「いいえ」しかないのです。

相手が「どちらでもない」に○をしたら、「それはどういうことですか」と、食ってかかります。

人間のホンネには、「どちらでもない」とか「よくわからない」とか、記述式で書きたいところもたくさんあるのです。

「イエス」か「ノー」しか選べないのは、情報化社会の落とし穴です。

「0」か「1」かのデジタル思考の人は、ここで行き詰まります。

そういう人は、相手にも「イエス」か「ノー」かを求めます。

「僕のこと好きですか」

「いや、そういう目では見たことがないです」

「じゃ、嫌いなんですね」

ということになるのです。


ごはんを一緒に食べたのに、ホテルに行かないと、「僕のことが嫌いなんですね。お金を返してください。あなたはよく嫌いな人とごはんを食べられますね。極悪非道で、詐欺《さぎ》ですよ、これは」という感覚です。

「僕のことは嫌いですか」

「いや、嫌いじゃないです」

「嫌いじゃなかったら好きですよね。じゃ、なぜホテルに行かないんですか。口から出まかせ言わないでください」

というのが、デジタルの「0」か「1」かの発想です。
その中間は、たくさんあります。
中間を受け入れていくことで、自分自身が疲れずにすむのです。

メンタルを強くするために 24

中間を受け入れよう。

25

欠点を埋めても、愛されない。

上司に嫌われたり、友達ができない原因は、自分の欠点にあると考える人がいます。

その欠点を埋めようとしても、欠点が埋まったからといって、その人に魅力を感じることはありません。

むしろ、魅力はその欠点にあったりします。

欠点を埋めるのは、せっかくの魅力を消しているだけです。

たとえば、「あそこの麻婆豆腐、辛すぎるよ」と言って、愛されている店もあります。

ところが、辛くない麻婆豆腐にした時点で、もはや麻婆豆腐ではないということで、愛されなくなります。

欠点で愛されるよりも、「あいつ、ヘンなもの好きなんだよね」と、自分が好きなことを伸ばしていくことにエネルギーを使えばいいのです。

同じ「疲れた」と言うのでも、翌日に持ち越すか持ち越さないかは、エネルギーの使い方で分かれます。

欠点を埋めるために使っているエネルギーは、翌日に持ち越します。

疲れがとれないのです。

ところが、**好きなことに使ったエネルギーは、翌日に持ち越さないで、エネルギーが湧《わ》いてきます。**

好きなことから、新しいエネルギーがまたもらえるようになるのです。

メンタルを強くするために25

欠点を埋めるより、好きなことを伸ばそう。

第3章

変更は、運を連れてくる。

26

助けてくれる人は、見くだしているのではない。見くだそうとしていると、見くだされているように感じる。

あるカップルが天ぷら屋さんに行きました。

単品ごとに注文するお店です。

大好物のエビを頼むと、お店の人に「すみません、エビは、今日は品切れなんです」と言われました。

エビが食べたかったので、少しへこみます。

これは変更です。

「いつもは食べたことがないけど、これを食べてみよう」となると、チャンスが生まれます。

ここで新たな発見があるのです。

何回も行っているお店では、同じモノばかり頼みがちです。

回数が増えるほど、頼むモノが決まってきます。

ためしに違うモノを食べてみると、「おや？　なんでこれを今まで食べなかったんだろう」というモノが見つかるのです。

この時、「エビ、お待ち、5人前」というのが聞こえます。

隣のカップルが、エビを5人前頼んでいたのです。

メンタルの弱っている人は、「なに5人前も頼んでいるんだ。おまえが5人前も頼むから、こっちの分がなくなったじゃないか」と、ムッとした気分になります。

やりとりを聞いていた隣の客から「思いのほか大きかったので、よろしかったら、お2人分どうぞ」と言われても、「けっこうです」と断るのです。

これは実話です。

連れの女性は、「エー、ラッキーと思ったのに、なに断っているの」という顔をしていました。

断ったのは、「見ず知らずの人に施《ほどこ》しを受けるなんてできない」と思っているからです。

施しというより、譲り合いです。

これでそのあとの時間が気まずくなるのです。

テーブルが並んでいるから、隣をチラチラ見ながら食べています。

この人は常に劣等感があるのです。

一番恐れているのは、見くだされることです。

「恐れていることが起こるんじゃないか」と予測を立てるのです。

解決策は簡単です。

「ありがとうございます。そのかわり、ここはおいしいデザートの隠れメニューがあるので、それをお返しさせてください」と言えば、その場もなごむし、お店も喜びます。

ギスギスした空気を全体に散らばらせるより、ずっといいのです。

お返しでチャラにできることが、余裕です。

お返しできるチャンスを、みずからつぶしてしまったのです。

メンタルを強くするために26

好意は、断らずにお返ししよう。

27

上か下かで考えると、しんどくなる。

会社の現場で多いクレームは、「上司が自分に上から目線で話すんですけど、なんとかしてほしい」ということです。

僕がリーダー研修でこの話をすると、上司から失笑とどよめきが起こります。

でも、これが現状です。

上司が部下に上から目線で言うのは当たり前です。

上から目線というより、ただの指示です。

指示に「上から」も「下から」もありません。

「上から目線で話すのをなんとかしてほしい」と言っている部下は、常に「見くだされているのではないか」という劣等感を持っています。
「エビ、どうぞ」というのは、別に上から目線ではありません。
「上から目線」と感じる人は、「すべての物事は上から目線」という意味づけをしています。

これは部下側の問題です。

善でもなく悪でもなく、上でもなく下でもない、水平なフラットな世界があるのです。

物事を常に上か下かで考えてしまうことが、しんどくなる原因です。

たとえば、お寿司屋さんに行って、目の前の板前さんに「この間、○○のお店がミシュランで星をとったんですけど、あそこのお店とここと、どっちがおいしいの？」と聞くのは、おかしいことです。

マナーとしても、おかしいです。

同僚の女性と一緒にお寿司を食べに行きます。

同僚の女性は「ねえ、ここおいしいでしょう?」と言います。

男性は勝ち負けの世界で生きているので、「僕、もっとおいしいお店を知っている」と言うのです。

そのやりとりで、カウンターの周囲にイヤな空気が流れます。

それは勝ち負けで比較できないことなのです。

メンタルを強くするために 27

勝ち負けで考えない。

28

0か100かのデジタル的発想で、チャンスをなくす。

設計の仕事をしている光君が初めて中谷塾に来た時に、僕は、

「『悪いけど、明日の朝までにこの企画書を出してほしい』という急な依頼が来ました。徹夜でその仕事をして持っていくと、『ゴメン、ちょっと方向が変わって要らなくなった』と言われます。この時、あなたはどうしますか」

という問題を出しました。

実際、これは社会ではよくあることです。

理系の光君は「一晩仕事をした分の企画書代は請求します。それが普通でしょう」

と言いました。

デジタル的には、そのとおりです。

アナログ的には、将来の利益がなくなります。

そこでギャラを受け取ったら、次の仕事は来ません。

一生のチャンスを、ここで失うことになります。

僕も広告代理店で、さんざん鍛えられました。

その時に「よくあることですよ。可能性が0・1%でもある時に、いつでも声をかけてください。一緒にやりましょう」と言うことで、相手もまたその人に頼みやすくなります。

不機嫌そうに「今度は可能性が高い時に声をかけてください」と言われたら、次に頼めなくなります。

相手に決定権があるわけではありません。

編集長ですら、決定権はありません。

「あなたは編集長でしょう。あなたがここでOKと言ったことが翌日覆《くつがえ》るのですか。こっちはもう書き始めていたのに」と言われると、その人に次から頼みにくくなるのです。

たとえ無料の仕事でも、感じよくしておいたほうがいいのです。


あなたが今、靴屋さんで働いているとします。

お客様が来て、いろいろためし履きをしました。

あなたは、奥の倉庫から、汗をかきながら10足ぐらい出してきます。

それなのに、お客様に「今度にします」と言われるのです。

あなたが「はあ」と言ってため息をついたら、ここでチャンスがなくなります。

感じよく「またいろいろ履きに来てください」と言うことで、お客様は「次もこの人に頼もう」と思います。

これが商売です。

1つの出来事で、「このお客様は完全に最初から買うつもりはなかった」と考えないほうがいいのです。

ここでイラッとするのは、売上げが立たなかったからではありません。

「自分は見くだされた」「なめられた」「バカにされた」という気持ちが大きいからです。

仕事そのものよりも劣等感でエネルギーを消耗していくのです。

メンタルを強くするために28

ムダな仕事でも、感じよくしよう。

29

運は、変更の中にある。

海外旅行などで、時々、ホテルのオーバーブッキングが起こります。

「同等クラスのホテルに移動してもらえませんか」と言われた時に、「絶対イヤだ」と言う人がいます。

「少しアップグレードして、いいホテルに移動させていただきたいのですが、よろしいでしょうか」と言われても、「行程表に載っているホテルにしてください」と言い張るのです。

飛行機のオーバーブッキングで、航空会社の人に「本日のホテル代を用意します。食事代もつけさせていただきます。どなたかお急ぎでない方は譲っていただけませんか」と言われます。

ここで手を挙げる日本人は、ほとんどいません。

外国人は、「ラッキー」と言って譲ります。

日本人は、帰ってから急ぎの用事がないにもかかわらず、予定どおりにしようとします。

予定が変わるのが、一番イヤなのです。

メンタルを強くするために29

予定の変更を受け入れよう。

30 なくしたのではない。返しただけだ。

飛行機の中で、カップルが並びの席をとれないことがあります。

「すみません、こちらの方に替わっていただけますか」と客室乗務員に言われます。

メンタルの弱っている人は「ここはオレの席だ。なんでオレが移動しなければいけないんだ。そっちが申し込むのが遅いのが悪いんだろう」と言うのです。

飛行機の席は、その飛行機に乗っている時間、借りているだけです。

実際、こういう人が多いのです。

客室乗務員は、心の中で「あなたの席じゃないんだけどな」と思っています。

レンタルDVDを知らない外国人は、DVDを返すことに納得がいきません。

それと同じです。
普通は、ＴＳＵＴＡＹＡに返しに行くのに、なんら抵抗感はありません。
これがレンタルの発想です。
飛行機の席は、レンタルです。
「オレが買ったんだ」と言いますが、それは行くまでの時間、買っただけです。
永久に買ったわけではありません。
「レンタルしている」と考えると、席を替わってあげられるのです。

メンタルを強くするために30

人生は、レンタルだと気づこう。

31

変更の中に、出会いがある。

たとえば、女性とデートに行く時に、男性は「5万円のお寿司をごちそうして、そのあと、ホテルに行く」という計画を立てます。

ところが、お寿司は食べたのに、「ホテルは今度ね」と言われます。

ここで「キャンセルですか」と思うのです。

そもそも初めからホテルは申し込んでいないのです。

「お寿司を食べる」イコール「ホテルに行く」というのは、男性の勝手な決めつけです。

「そんな急なキャンセルは困る。ホテルなら通常、当日は全額払いだよ」という感覚です。

この人は変化に弱いのです。

社会には、あらゆる要素があって、常に変化があります。

誰もが、その変化の中で仕事をしています。

変化があるから、チャンスが生まれるのです。

マンションの値段が上がったり下がったりすることで、不動産屋は儲かります。

下がってもガッカリする必要はありません。

下がった時に買って、上がった時に売れれば、その利幅が利益になります。

変化が一番、チャンスにつながるのです。

「変化はイヤだ」と言っていると、変化し続ける社会がしんどくなるだけなのです。

メンタルを強くするために 31

相手の変更を受け入れよう。

32

理不尽を受け入れられるのが、自立だ。

学校の優等生は、予定は立てられますが、変化に弱いのです。

学校は守られた社会です。

変化は、それほど起こりません。

社会に出ると、変化だらけです。

「気が変わった」ということは、しょっちゅうあります。

たとえば、レストランでビーフカレーを頼んだお客様に「やっぱりカツカレーにしてもらえますか」と言われます。

ここでムッとして「キャンセルですか」と言うウエイトレスさんがいます。

キャンセルではありません。

あせってビーフカレーを頼んだら、メニューの次のページにカツカレーがあったのです。

しかも、カツカレーを食べている人を見るとおいしそうなので、自分も食べたくなったのです。

そこでムッとする人は、変化に弱い人です。

こういう人は多いです。

1回でも変更があると、「客がコロコロ変更する、やってられない」と言うのです。

その人は、今までの人生で変化する状況が与えられていなかったのです。

子どものころは母親が守ってくれるので、変化はあまりありません。

僕の家は厳しかったです。

母親は働いていたので、言うことがコロコロ変わりました。

今思えば、あれは社会に出るトレーニングだったのです。

メンタルを強くするために32

理不尽を、受け入れよう。

子どもは、運動会が雨天順延になるだけでガッカリします。
テストの範囲が10ページ広がっただけで、みんなは「エーッ」と言うのです。
社会には、テストの範囲はありません。
テストの日も決まっていません。
ずっと先かもしれないし、今日、突然かもしれないのです。
これが学校と社会との違いなのです。

33

自分の「気が変わる権利」を認めよう。

哲学者の鶴見《つるみ》俊輔《しゅんすけ》さんが言う「気分が変わる権利」は、誰しも持っています。

お客様・上司・仲間など、自分の大切な人には気が変わる権利があります。

自分にも気が変わる権利があります。

相手にも気が変わる権利があります。

自分が気を変えない人は、相手にも気が変わる権利を認めません。

「私は変えないから、あなたも変えないで」と言うのです。

とはいえ、人間は気が変わります。

変わる自分を許せないから、イヤになったものを続けるのです。

パートナーのことを嫌いになったのに離婚できない人は、このタイプです。

他者に許せないことは、自分にも許せません。

これで苦しんでいるのです。

今のお医者さんが合わなければ、セカンド・オピニオンに行けばいいだけです。

「お医者さんを変える自分はイヤな人じゃないか」と思い込んで、セカンド・オピニオンに行けなくなってしまうのです。

メンタルを強くするために33

相手の気が変わる権利を認めよう。

34

都合のいい変化は好きだけど、都合の悪い変更は嫌いなだけだ。

こういう話をすると、「いや、私は変化が好きです」と言う人が出てきます。

優等生は、こういう対応がうまいのです。

ところが、「変更は?」と聞くと、「変更はダメでしょう」と答えます。

自分の中で、いい方向に変わることを「変化」、悪い方向に変わることを「変更」と定義づけているのです。

この人はメンタルが弱くなります。

「変化」と「変更」は同じことです。

どちらの方向に変わるかは、事前にはわかりません。

あとで振り返って、初めてわかることです。

たとえば、「席を替わってもらえませんか」と言われた時に、まず、隣の席を確認します。

すると、怖いオッチャンが座っています。

「あれはないな」と思って断ると、ほかの人が「じゃ、僕、行きます」と言って席を替わります。

そうしたら、怖いオッチャンはトイレ待ちでたまたま座っていただけで、実はその席に座る人は美人なのです。

「あいつはズルい」「あいつは運がいい」と言いますが、運ではありません。

ただ結果がわからないことをしただけです。

変化を拒むと、運が手に入らなくなります。

それでいて、運がよくなる本はたくさん読んでいます。

運とは、結果の見えないことをした時に、いい結果が来ることです。

メンタルの弱っている人は、結果が見えないことをしません。
最初からうまくいくことだけを想定しています。
それでは永遠に運は来ないのです。

メンタルを強くするために34

結果の見えないことをしよう。

35

ケーキは、1個だから、おいしい。ケーキは、売り切れるから、おいしい。

あらゆる不満は、「○○がない」「△△が足りない」という発想から生まれます。

たとえば、好きなケーキを食べる時、一番おいしいと感じる瞬間は3回です。

最初の1口と最後の1口、そのあと「ああ、もうちょっと食べたかったな」というのが3口目です。

これでわかるのは、大きさは関係ないことです。

最初の1口と最後の1口の間は重要ではないのです。

高級なお店ほど、ケーキの切り方が小さいです。

ホールケーキでいうと、中心角がとんがっています。

誰もが「あのおいしいケーキをホール丸1個食べてみたい」と思いますが、1回、大人買いして丸1個食べてみると、「もういいや」とイヤになるのです。


たとえば、好きなケーキを食べるのを楽しみにカフェへ行きました。

そのケーキを注文すると、「すみません、今日は売り切れてしまいました」と言われました。

売り切れることがあるから、食べられた時になおさらおいしいのです。

ところが、メンタルダウンしている人は、ここで「これを食べに来たのに、なんだ！」とぶちキレます。

メンタルのある人は、「たまに売り切れるから、これはおいしいんだな。ああ、悔しい」と思えます。

「1個しか食べられない」「売り切れる」という欠落を楽しんだり、味わったりできるのです。

「私が幸せになれないのは、〇〇がないからだ」と言わないことです。

「ないことが自分の悲劇の始まりだ」と勘違いしていると、世の中は足りないものだらけになってしまうのです。

メンタルを強くするために 35

「足りない幸せ」を味わおう。

36

仕方なく来た人のほうが、モチベーションが続く。

面白そうな仕事と思って、その会社に入ったのに、思っていたような仕事ではなかったということがあります。

その人は、テレビのドラマを見て、「編集者の仕事って楽しそう」「ホテルのコンシエルジュはいいな」「やっぱり客室乗務員っていいんじゃない？」と思って入ったのです。

実際に客室乗務員になると、トイレに落ちているウンコを拾う、という仕事もあります。

そんな仕事はドラマにはありませんでした。

「私はホテルのコンシェルジュとして入りたかったのに、なぜハウスキーピングの仕事や、お客様に怒鳴られる仕事をしなければならないの？」と言う人は、ドラマで見た、お客様に感謝される感動的なシーンを思い描いていたのです。

一番いいところだけを想定して入ると、イヤなことがあると続かなくなります。

これが変化に弱いということです。

仕事が続く人は、あこがれの会社に入っていない人です。

「本当は違う会社に行きたかったのに、仕方なく来た」という人のほうが、モチベーションは続くのです。

初めて本を書く人は、「これで夢の印税生活」という思惑があります。

「1冊目が1万部売れて、2冊目は1人が10人に勧めたとして、10万部だろう。出版社が宣伝を打ってくれるし、ドラマ化されたら100万部か」と想定します。

そうならなかった時に、逃げ腰になるのです。

ファンレターにはいいことが書いてあると思ったら、ケチョンケチョンにけなしてあったりします。
それを見た瞬間に、逃げ腰になります。
これで疲れるのです。

メンタルを強くするために36

相手に100%を求めない。

37

第一志望でないほうが、続く。

世の中で偉人と呼ばれる人は、本来、別になりたかった仕事がある人です。

習いごとも、なんとなく始めた人のほうが続きます。

最初から期待感がないからです。

アイドルの「たまたま友達の付き添いでオーディションに行ったら、友達が落ちて、私が通った」という話は、実話です。

マネージャーのつくり話ではありません。

必死でないほうが通るのです。

新しいホテルができた時は、どんなホテルか誰もわかりません。

創業時の立ち上げの時に入った人たちは、一生懸命です。

5年ぐらいたった時に、そのホテルはトップになりました。

求人に応募者殺到です。

人数は大体そろっているので、採用数は若干名です。

何百倍もの競争率になりました。

それを勝ち上がってきたのですから、本来はすごいモチベーションです。

それが「ちょっと思っていたのと違う」と言って辞めるのです。

これは最初に期待値が上がりすぎていることが原因です。

「思っていた仕事ではなかった」と言って辞める人は、第一志望の会社に入れた人なのです。

その人は、テレビのドラマを思い浮かべていたのです。


僕はホテルの研修の仕事をしています。

ホテルのドラマは定期的に放送されています。

ホテルのドラマがオンエアされたあとは、ホテル志望者が増えます。
同時に、1年目の離職率が高くなります。
第2新卒が増えるのです。
ドラマと混同して来るからです。
実際は、ドラマでは描かれないような裏の大変なことがたくさんあります。
「変化は好きだけど変更は嫌い」と言う人は、物事を短期的に考えているのです。

メンタルを強くするために37

なんとなく、始めよう。

第4章

逃げるより、壁を越えたほうが楽だ。

38

研究することに、逃げ込まない。行動するために壁はある。

社会に出ると、必ず壁にぶつかります。

人間が成長するということは、体が大きくなることでも、年収が増えることでも、偉くなることでもありません。

壁を乗り越えて、生きる範囲が広くなることです。

他者と共同体を形成していけることが、「成長する」ということです。

壁にぶつかった時に、

① 壁を研究しようとする人

② 壁を乗り越えようとする人

の2通りの人に分かれます。

これが「勉強」と「修業」の違いです。

習いごとでも、「勉強の人」と「修業の人」とに分かれます。

受験勉強をしている人は勉強が得意です。

勉強は研究です。

壁にぶつかったら、まず、壁の強度を計算します。

そうすると、かなり強固であることがわかります。

どれだけ高いか、どれだけ地下が深いか、どれだけ厚みがあるか、どれだけ硬いか、少々のことでヒビが入らないかを調べていきます。

その結果、「この壁は越えられなくても仕方がない」と判断するのです。

修業は、その壁の乗り越え方を、ジャンプし続けながら考えます。

たとえば、ボイストレーニングの先生に、「こうやって響かせるんですよ」と言われます。

「勉強の人」は、一生懸命ノートをとりますが、実際に声を出しません。

「大体わかりました」と言って終わりです。

「修業の人」は、実際に声を出して、失敗しながら工夫を繰り返します。

「study（研究）」と「learn（修業）」の違いがあるのです。

研究が行動しないことの逃げ道になっています。

研究をする前に、飛び越えるトレーニングをしたほうがいいのです。

メンタルを強くするために38

研究より、行動しよう。

39

壁の内側に楽しみはない。壁を乗り越えようとすることが、最高の楽しみだ。

習いごとでは「研究の人」が多いのです。

行動で失敗して、先生から見捨てられたり嫌われたりすることが怖いからです。

一緒に習っている人たちからも、「あの人はヘタだ」と思われたくないのです。

研究にハマる人は、まじめで優等生のタイプです。

会社へ入ってからメンタルダウンする人は、優秀な人です。

学校の成績も面接の受け答えもよかったのに、意外や意外、入社した年に会社に来なくなるのです。

その人は、研究は好きですが、行動がないのです。
社会に出ると、壁はたくさんあります。
その**壁を乗り越えようとしている時は、その人のメンタルはダウンしません。**
一瞬でもコツがわかったような気がするからです。

研究にエネルギーを100%使う人は、行動のエネルギーが残っていません。
結果、疲れてしまいます。
壁の強さが、さらにわかるだけで終わってしまうのです。

メンタルを強くするために39

壁を乗り越える喜びを体験しよう。

40

壁は、円になっている。逃げても、外には出られない。

メンタルダウンする人は、壁にぶつかった時に「研究」という形で逃げてしまいます。

どこかに穴があいていないかと探すのです。

これは壁のとらえ方が間違っています。

壁は円です。

自分は、その円の内側にいます。

探しても探しても、出口はありません。

一番早いのは、よじ登って出ることです。

壁を越えないと、
どこまでも壁があらわれる。

砂漠で遭難した人の逃げ方と同じです。

優等生は、「自分が砂漠のド真ん中にいるわけではない。どこか近くに抜け道があるはずだ」と考えます。

少し行ってみて、「どうも違うぞ」と引き返して、別の方向に向かいます。

これが砂漠で遭難するパターンです。

優等生でない人は、星を見てもどうせわからないので、なにも考えずに一直線に進みます。

これが一番早く砂漠から抜け出る方法です。

一直線に出ていけば、いつかは外に出

られます。

優等生は、途中でコロコロ変えます。

とにかく効率を考えるのです。

たとえば、地下鉄大手町駅の出口は、Aの何番、Bの何番、Cの何番……と、メチャクチャたくさんあります。

優等生は、自分が行くビルにつながっている出口を探して、地下を彷徨《さまよ》います。

一番早いのは、地上に出ることです。

地上に出てしまえば、そのビルが見えるので、そこに向かって行けます。

効率を目指すことで、逆に非効率になるのです。

壁にぶつかったら、その壁をよじ登るのが一番早いのです。

出口を探してウロウロすることで、エネルギーを費やします。

円の内側にいるのですから、どこに行っても出口はないのです。

それに早く気づくことです。

メンタルの弱っている人は、方向を変えるたびに、「また壁が出てきた。自分は運が悪いに違いない」と考えます。

しかも、気持ちの中で、その壁がどんどん迫《せま》ってきます。

行っても行っても、壁にぶつかります。

「あの人は壁が1回しかない。私は5回も壁に当たった」と言うのです。

それは同じ1つの壁です。

壁は早いうちに立ち向かったほうがいいのです。

壁に立ち向かう人に対しては、協力者があらわれます。

「あいつ、頑張っているよね」ということで、応援してくれます。

壁から逃げている人には、協力者はあらわれません。

壁から逃げている仲間が増えるだけです。

ネット内では、「こっちのほうが壁が薄い」「こっちの壁が低い」「こっちから逃げたヤツがいるらしい」という情報が流れます。

内側の情報は、想像という名のデマです。
参考になるのは、実際に壁から出た人の情報です。
その情報は、壁の中には入ってこないのです。

メンタルを強くするために40

効率のいい方法を探すより、やってしまおう。

41

問題に立ち向かうとは、検索より、行動だ。

たとえば、体の具合が悪くなった時、たいていの人がネットで検索します。

それで、「問題に立ち向かっている」と言います。

実際は、指が動いているだけで、アクションを起こしていません。

アクションとは、足を使うことです。

指を動かして検索しても、問題に立ち向かっているとは言えません。

足を使うというのは、病院に行くことです。

「病院に行って、とんでもない病気であることがわかったらどうしてくれるんですか」と言う人がいます。

それが問題に立ち向かうということです。

ネットで検索して、自分はどんな病気かを調べても、まったく前へ進んでいません。

これが研究であって、壁を乗り越えようとする修業と違うところです。

メンタルの弱っている人は、体の具合が悪い時にネットで検索して、さらに具合が悪くなっていくのです。

病院に行って「○○ですね。最近多いよ」と病名が判明すると、それだけで半分は治ります。

僕は具合が悪くなると、すぐ病院に行きます。

病院の先生に「これはインフルエンザだね。今、東京では流行《はや》っていないよ」と言われた時は、「あ、大阪でもらってきたか」と思い当たるフシがありました。

「これ飲んで。これでもう治るから」と薬を処方されると、「1回飲むだけでいいんですか。え、そんなものか」と、ほっとしました。

問題に立ち向かうというのは、病気に立ち向かうことではなく、病院に行くことです。

具合が悪くなった人にとって一番抵抗感があるのは、病院に行くことです。

ネットで検索はしても、病院へはなかなか行けません。

メンタルの弱っている人は、そうこうしているうちにこじらせてしまうのです。

メンタルを強くするために 41

ネットで検索するより、病院に行こう。

42

自分を守って壁の中にいるうちは、優しくなれない。

優しくなるためには、強くなる必要があります。

「優しくなりたいと思っているけど、優しくできない」と言う人は、自分の越えられない壁を、今度は自分を守る壁に使い始めます。

「この中にいる限りは攻撃されない」

「チャレンジしなければ失敗もしない」

と、言いわけをして自分を守っていけばいくほど、その人から優しさが消えます。

壁を乗り越えようとしてうまくいかない時は、同じようにチャレンジして失敗している人に対して優しくできるようになります。

風邪をひいたことがない人は、風邪をひいている人に対して優しくできないのです。

「大変だけど頑張っている」という状況になって、初めてその人は仲間に対して優しくすることができます。

言いわけをしたり、安全地帯に逃げ込んでいる人は、他者に対して優しくできずに、「あいつ、なんだ?」という冷たい発想が湧いてきます。

それでは、結果として疲れるだけなのです。

メンタルを強くするために 42

壁を乗り越えることで、優しい人になろう。

43

結果を気にしすぎると、今が楽しめない。

メンタルの弱っている人は、二元論で考えています。

常に、「善か、悪か」「正しいか、間違っているか」「いいことか、悪いことか」で考えているのです。

たとえば、占い師さんから「こういう人と出会いがあります」と言われると、

「その人はいい人ですか、悪い人ですか」

「その人との出会いは、私にとっていいことですか、悪いことですか」

と、聞くのです。

これに対しては答えようがないのです。

ここで**「そうですか。それは楽しみだな」と思えるのが、メンタルのある人です。**

たとえば、大学受験に落ちることは、その瞬間は悪いことです。

長い人生で見れば、いいことだったということもあります。

僕にとっては、大学に落ちて浪人したことは、いいことでした。

予備校の先生には、浪人していなければ出会えませんでした。

そのままスルスルと東大に行っていたら、つまらない人間になっていた可能性もあります。

今の自分を考えた時に、「あの失敗があったおかげでよかった」と思えるのです。

短期の善が長期の悪になることもあります。

短期の悪が長期の善になることもあります。

これが昔から言う「人間万事塞翁《さいおう》が馬」という考え方です。

「善人か悪人か」というスポットで判断することには限界があります。

損か得かを突き詰めていくと、「すべてのことが損」という計算になるのです。

いいことの次に悪いことがあれば、それは「悪」です。

今、悪いことがあれば、当然、「悪」です。

結果、悪いことしかないのです。

そう思うと、しんどくなります。

長期的にモノを考える人にとっては、受験に通ったら、もちろんいいことです。

通らなくても、「これもまた楽しい」と考えられるのです。

会社に落ちたり受験に落ちたりするのは、オプショナルツアーに参加するようなものです。

カナダに行って、オーロラのオプショナルツアーに行かないのは損です。

まわり道は、その人にとってのオプショナルツアーです。

たとえば、せっかく東京の会社に入ったのに、地方のわけがわからないところに配属されます。

「自分の中でなんのミスもないのに、配属という名で飛ばされた」と思うと、マイナスに感じます。

だんだん年をとると、「そんなに長い時間とられたわけではないし、あの時、あそこへ行ったのはよかった」と思えるようになります。

いいか悪いかは、あとから振り返って初めてわかることです。

その当座は、すべて「悪」に感じるのです。

山登りも、同じです。

山登りしている人が、登っている間、ニコニコ笑っているというのは、ウソです。

海外の名山になると、スポンサーさんがつきます。

お金を出してもらっているし、今さらやめるわけにもいきません。

今は映像があってバレるので、行ったふりもできません。

吹雪《ふぶき》の中、「あーあ、なんでこんなことしてしまったんだろう」と、ずっと後悔しているのです。

山の頂上では、みんな口では「やりました！」と言っています。

でも、ハッピーというわけではありません。

本当は早く帰りたいのです。

これは、ある登山家の独白です。

帰り道も危ないいし、まわりには死体がゴロゴロしています。

帰ってきて、お風呂に入って、一晩寝て、翌朝になって、体の痛みが取れてから、「楽しかった」という気持ちがジワジワ湧いてくるのです。

プラスは、あと払いです。

登山家のようなメンタルの塊の人たちでさえ、そうなのです。

ましてや普通の人が毎日しんどいのは当たり前なのです。

メンタルを強くするために 43

結果を気にするより、今を楽しもう。

44

した後悔は時間とともに小さくなり、しなかった後悔は大きくなる。

後悔は、一番エネルギーを消耗します。

メンタルを弱くしない方法は、ムダなエネルギーを使わないことです。

ふだんから、できるだけ余裕を持てるように省エネしておけばいいのです。

後悔には、

① した後悔

② しなかった後悔

した後悔は時間とともに小さくなり、
しなかった後悔は時間とともに大きくなる。

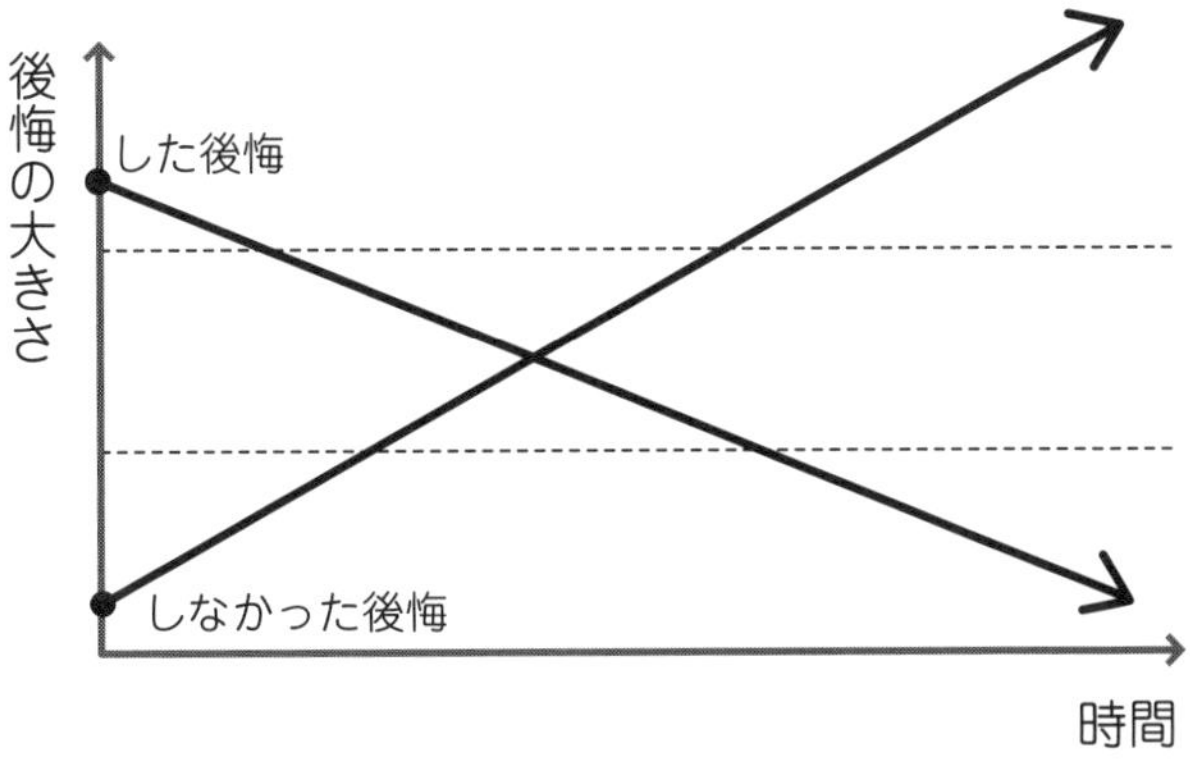

の2通りがあります。

本にはよく「しなかった後悔より、した後悔をしよう」と書いてあります。

ただし、根拠は書かれていません。

した後悔としなかった後悔は、大きさが違うことは書かれていても、そこに時間は入っていません。

当初、短期的には、「なんであんなことしちゃったのかな。しなければよかった」という、した後悔のほうが圧倒的に大きいのです。

しなかった後悔は、当初はほとんど0に近いです。

ところが、時間がたつにつれて両者が

逆転します。

やがて、した後悔はどんどん小さくなり、しなかった後悔は無限にどんどん大きくなっていくのです。

この差は、永遠に逆転しません。

やろうかやるまいか迷っている時は、したほうがいいのです。

した後悔は、最初は大きくても、あっという間に消えてなくなります。

しなかった後悔は、最初は小さくても、一生大きくなっていきます。

死ぬ時に「なんであれをしなかったんだろう」と思い出します。

そうならないために、しておかないと損なのです。

今、した後悔が大きくなっている人も、何回か寝るとなくなります。

した後悔の減り方は単純です。

1回寝ると半分になり、2回寝ると4分の1になります。

寝るたびに半分になるのです。

逆に、しなかった後悔は倍々で増えていくのです。

メンタルを
強くする
ために 44

した後悔をしておこう。

45

自信は、重荷から逃げないことで生まれる。

自信を持つためには、重荷から逃げないことです。

その人の自信は、重荷の重さで決まります。

たくさんの重荷を背負っている人ほど、自信が持てるのです。

ところが、メンタルの弱っている人は、「重荷が少なくなることが自信になるのではないか」と、解釈が逆になります。

そのため、重荷からできるだけ逃げようとします。

自信を持ちたければ、「そっちの荷物も持ってあげましょう」と平気で人助けするぐらい荷物を増やせばいいのです。

「これだけの重荷を背負っていても、自分はイヤにならなくて倒れない」というのが、その人の自信になります。

「すみません、荷物を減らしてください」

「もっと人を雇ってください。私はこの仕事で手いっぱいですから、これ以上できません」

と、重荷を減らそうとする人がいます。

重荷を軽くしても、それがまたつらくなります。

そうすると、その人の生産性、仕事能力はどんどん下がります。

重荷や仕事を減らす人は、結果的に自信がなくなるだけなのです。

メンタルを強くするために45

重荷から、逃げない。

46

不幸が来たのではない。靴のヒモが、切れただけだ。

幸福と不幸は、意味のつけ方で決まります。
幸福な心の状態は、不幸なことをチャレンジととらえられます。
「幸福なことが訪れること」が、幸福なのではありません。
不幸なことが来たのに、「あ、チャンスが来た」と感じられるのが幸福なのです。
そうすると、どんな状態でも幸福です。
幸福なことが来たら幸福となると、不幸なことが来たら不幸になります。
それは、決して幸福な状態とは言えません。
メンタルのある人は、幸福な時はもちろん幸福ですが、どんな時もラッキーと思えるのです。

「入りたい会社に入れなかったから、こういう仕事をすることができた」

「転勤になったから、こういう出会いがあった」

「小さい会社に入ったから、すべての仕事を任されるようになった」

と、どんな状況になってもチャンスになると考えればいいのです。


逆に、すべてのことを負に考える人がいます。

たとえば、好きな人に告白したらOKをもらいました。

その時、「今、幸福の絶頂でピークだから、この人にフラれたらどうしよう。とりあえず先に写真だけもらっておくか」と考えるのは、幸福が不幸になっています。

告白してOKをもらっても、フラれても、結局どちらも不幸なのです。

重要な仕事がある時に、出がけに靴のヒモがプツッと切れただけで、自殺をする人もいます。

自殺の原因は、靴のヒモが切れたことです。

昔なら、下駄の鼻緒《はなお》が切れた状況です。
靴のヒモが切れて、「よくないことが起こる前兆だ」と考えたのです。
妄想する人は、短絡的に考えて意味がどんどん広がります。
現実世界においては、事実は存在せず、意味だけがあるということです。
その意味は、自分自身がつくっているのです。

メンタルを強くするために46

すべてのことを、行動しない理由にしない。

47

仕事も恋愛も教育も、先に結果を求めると始まらない。

メンタルの弱っている人は、先に結果を求めます。

医療の世界で、ＥＢＭ（Evidence-Based Medicine）という考え方があります。

エビデンス（証拠）があるかどうかを先に求めるのです。

医療の世界は仕方ありません。

ふだんの仕事で「先に証拠をください」と言っていたら、仕事は始まらないのです。

うまくいくかどうかは、わかりません。

たとえば、編集者と出会って、「一緒にこんな本をつくりましょう」という話になります。

会社にかけ合うと、いろいろな事情でボツになります。ボツになったとしても、「今度は通りやすい企画を考えよう」と、前に進むことができるのです。

初めて本を書く人で、「企画が通ってから来てください」とか「依頼が来てから書く」と言っている人がいます。

原稿がなければ、企画会議にかけられないのです。

恋愛の例は、もっとわかりやすいのです。

「今度お茶を飲みに行きましょう」と誘われた時に、「お茶を飲みに行ってどうするんですか。あなたは私と結婚するつもりはあるんですか」と言う人がいます。

恋愛が始まる前から、「長男ですか」「親と同居ですか」「子どもは何人欲しいですか」「年収はいくらですか」と聞くのです。

その時点で気持ちが冷めます。

これが先に結果を求めるということです。

教育も、「これをすると、どういうメリットがありますか」と言っている人は、勉

強を始められません。

小さなメリットは最初に見えます。

大きなメリットは最初は見えません。

たとえば、レーシックのパンフレットには「メガネに比べて安上がり」「コンタクトに比べて安上がり」「便利でいい」とか書いてあります。

僕は、レーシックをしたあとに、ボウリングとボールルームダンス（社交ダンス）を始めました。

自分でなにか動きたくなったのです。

こんなことは、パンフレットには書いていません。

結果として、それが起こったのです。

起こることは、人それぞれです。

誰もがダンスを始めるわけではありません。

自分がしたかったことを始めたのです。

証拠とかメリットは関係ありません。

これが「信じる」ということです。

証拠があって信じるのは、「信じる」ではないのです。

「信じる」とは、証拠がないことを信じて行動することです。

「私はあなたを信じています。そのかわり担保をください」と言うのは、信じていないのです。

「信じる」には、「信用」と「信頼」の2つがあります。

「信用」には担保がついています。

「信頼」には担保はついていません。

それでうまくいかなくても、企画会議が通らなくても、別にいいのです。

ダメもとでもできることが、「信じる」ということなのです。

メンタルを強くするために47

「証拠がないこと」をしよう。

第5章

ムッとすることで、ムダな疲れをため込まない。

48

ほめてくれる人といても、自信にならない。

メンタルの弱っている人の特徴は、自信をつけるためにほめてくれる人を探すことです。実際は、ほめてくれる人がいても、自信はつきません。

たとえば、10回ほめられて、11回目にほめられなかった時は、「おや、どうしたの？」と思います。他者承認は、自信にはつながらないのです。

１００回続いても、１０１回目がなければ、くじけてしまいます。

その人にほめてもらい続けるために、ヘトヘトになるのです。

本来、自分がしたいこと、好きなことではないのに、ほめてもらうためになにかをするというのは間違っています。

それよりは、「好きで楽しいからこれをやっている」という人は、結果として、いつかほめてもらえるようになります。

たとえば、作家が「読者に喜んでもらえそう」「読者に買ってもらえそう」というつくり方をしている本は、売れません。

「本を売って儲けたい」という作家の意図を、読者が感じ取るからです。

著者が本気で思っていること、本気で伝えたいこと、楽しんで伝えていること、お金儲けのためでなく書いている本は、一番読者の心に刺さります。

なによりも、ほめてもらうためにしたにもかかわらず、ほめてもらえなかった時の自信喪失感は圧倒的に大きいのです。

メンタルを強くするために48

ほめてくれる人より、楽しい人と一緒にいよう。

49

肉体疲労・頭脳疲労・精神疲労のバランスをそろえる。

疲労には、「肉体疲労」「頭脳疲労」「精神疲労」の3種類があります。

肉体疲労は、実際に体を動かして、靴の底を減らして仕事をすることです。

頭脳疲労は、企画書をつくったり計算したりすることです。

精神疲労は、人間関係で、クレーム対応や、上司と部下の間を取り持つことです。

どの疲労も「ゼロ」になることはありません。

一番疲れないのは、「肉体疲労」「頭脳疲労」「精神疲労」が1対1対1のバランスになっていることです。

昔のフィジカルワークは、肉体疲労が圧倒的でした。

今、先進国での仕事は、圧倒的に精神疲労が増えています。

仕事も嫌いで、人間関係も悪いなら、なにも悩みません。

仕事は嫌いで、人間関係がいいなら、辞めないほうがいいのです。

一番つらいのは、仕事は好きなのに、人間関係がしんどくて辞めざるをえないことです。

いかに精神疲労を減らしていくかです。

精神疲労は、状況が見えていないことが原因で起こります。

自分で勝手に決めつけているのです。

「あの上司は母親だと思っていたのに、母親ではなかった」というのも、精神疲労です。

「母親」でも「他人」でもなく、「他者」だとわかった瞬間に疲労はなくなります。

今、自分の身のまわりにいる人たちが「他者」であると認識できることが、自立です。

本来、これは10代後半の思春期で体験することです。
これが反抗期です。
乳離れが起こるのです。

メンタルを強くするために 49

他者を受け入れることで、自立する。

50

ウツの原因は、睡眠不足。

精神疲労だけあって肉体疲労がないと、脳が興奮して寝られなくなります。

これが不眠症の初期症状です。

寝られないと、疲労は回復しません。

次の日、疲れた状態で会社に行くことになります。

頭がまわらないから、問題は解決しません。

仕事で疲れ、天ぷら屋に行って隣のヤツに見くだされ、連れの女性にバカにされ、踏んだり蹴ったりです。

ベッドに入った時に、今日のイヤなことを思い出して、ムカムカして、さらに寝られなくなります。

睡眠不足のまま、次の日、また仕事に行きます。

ミスが発生して、上司に怒られ、お客様に怒られます。

寝られないことから、負のスパイラルに入っていくのです。

ウツの原因は、疲労です。

疲労してくると、頭の中にいいアイデアが浮かばなくなります。

健康とは、単に病気でないことではありません。

頭の中に前向きなアイデアが浮かばない体の状態が「不健康」、前向きなアイデアが浮かんでくる体の状態が「健康」です。

風邪をひいていないとか、そういうことではないのです。

メンタルを強くするために 50

ムッとしたら、寝よう。

51

1人になっても、ストレスはなくならない。

情報化社会は、精神疲労へ傾いていきます。

大阪の労働力を増やすためのお手伝いをしています。

担当の人が「大阪で今一番人材が足りないのは、サービス業の営業の仕事です。人と接しない仕事がしたいという人が多いのです」と言っていました。

人と接しない仕事は、求人よりも応募者のほうが上まわっています。

営業は、逆です。

求めている会社は人手不足なのです。

よその地域ならまだしも、商人《あきんど》の町・大阪で、「人と接しない仕事がしたい」と言ったら終わりです。

たとえ人と接しない仕事をしたとしても、ストレスはなくなりません。

社会から孤立するので、ナマ身の人間から情報が入らなくなります。

一方で、ネットの情報は遮断できません。

独裁国家が情報を遮断できないのと同じです。

1人になったとしても、情報は入ってきます。

その情報は偏った情報なので、よけいストレスがたまっていきます。

証券会社のトレーダーをしている人が、「ストレスの塊ですよ」と言っていました。

それでも平気なのは、今日は損したとか得したとか言う人たちがまわりにいるからです。

上司も「オレも昔、大失敗したことがある」と言っています。

仕事がどんなに大変でも、まわりに仲間がいることで、ストレスは回避できるのです。

しんどいのは、デイトレーダーです。

デイトレーダーは、1人で家にこもって仕事をします。

人間関係のわずらわしさはありません。

そのかわり、すべての問題を自分1人で解決するという閉鎖的な状況になるのです。

ウツ状態の人に絵を描かせると、大体「閉じられた環境で、ヒザを抱えて、真っ暗な中で」という絵を描きます。

ハッピーな状態の人は、ハワイで寝転がっている絵を描きます。

デイトレーダーは、圧倒的に閉鎖空間にいます。

会うのは、出前の人と宅配便の人ぐらいです。

「おまえのおかげで1億円損した」「玄関に出た間に株が動いた」ということで、出前の人と宅配便の人はムチャクチャ怒鳴られます。

大げさな話ではなく、現実にあるのです。

どれだけストレスがたまっているかということです。

ぶちキレが第三者に向かっているうちは、まだマシです。
やがては自分に向かいます。
これで心が疲れて、メンタルがダウンしていくのです。

メンタルを強くするために 51

体を、動かそう。

52

ケンカをできない人は、突然キレる。

メンタルの弱っている人は、まじめな優等生で、まわりの人たちには感じがいい人です。

そういう人が、突然会社を休みます。

「仕事もコツコツまじめにするタイプなのに」と思われている人が、一番危ないのです。

「あの人、新型ウツで休職しているよ」と言うと、「え、まさか、あの人が」とみんなから言われるのは、当たり前です。

ふだんから遅刻が多いようなだらしない人間は、ウツにはなりません。

自分の心がダメになる前に遅刻できるからです。

メンタルの弱っている人は、遅刻もできません。


「あの人は人当たりがよくて挨拶もきちんとするし、ワガママなことも言わない」と言われるのは、全部ため込んでいる証拠です。

本来、喜怒哀楽のあるのが人間です。

落ち込むこともあれば、ムッとしたり、怒ることもあるのが普通です。

「あの人は温厚で」という温厚キャラをつくるのも危ないです。

温厚キャラや優等生キャラをつくると、ケンカができません。

そのため、火山の噴火のように突然キレます。

心の底にたまったマグマは消えないので、ある時、大爆発が起こります。

ケンカは、やかんのふたの穴の役割と同じです。

やかんは、ふたの穴から蒸気がピューーッと抜けたり、ふたがカタカタ上がって蒸気が抜けるから、沸騰しても爆発しないのです。

ふたが張りついて、蒸気の抜ける穴のないやかんは、沸騰した時に吹っ飛びます。

人間も、やかんのふたの穴をつくっておけばいいのです。

これが、ケンカしていいということです。

ところが、多くの人は、子どもの時から「ケンカしてはいけない」と教わります。

「ケンカは悪である」と教えるのは間違いです。

ケンカは、コミュニケーションです。

ケンカが多い建設現場では、大事故が起こりません。

ふだんから意思疎通ができているからです。

大事故は、ケンカのない建設現場で起こります。

事故を防ぐには、ふだんからきちんとケンカをしていくことが大切です。

優等生キャラの人は、子どもの時から「この子はいい子で、ケンカもしない」とほめられて育ちます。

和を重んじてばかりいると、ケンカをすることもなく、メンタルが弱くなってしまうのです。

メンタルを強くするために 52

きちんと、ケンカしよう。

53

ケンカは、コミュニケーションの1つだ。ケンカすることで、仲よくなれる。

常に「いいね！」を求める人は、会議で「私は違う」と言われた時にへこみます。

フェイスブックやツイッターには「私は違う」ボタンがなく、慣れていないからです。

「いいね！」がないだけでもへこむのに、「私は違う」と言われると、心がポッキリ折れてしまうのです。

企画会議の議論は、「私は違う」と言うところから始まります。

「いいね！」に慣れている人は、「私は違う」と言われると、「おまえは間違ってい

る」「おまえはダメな人間だ」と言われていると勘違いします。

実際は違います。

「アイ・ハブ・アナザー・オピニオン」であって、「おまえは間違っている」ではありません。

「あなたが正しければ私は間違っている」というゼロサムではないのです。

「正しい」は無限にあります。

相手と自分はどちらも正しいのです。

「どちらも正しい」という中から選ぶことが大切です。

そうすることで、共同体が1つの目的に向かって進めるのです。

共同体のメンバーとして、より活性化していくためには、相手の意見が通ったからといってふてくされないことです。

相手の意見をつぶさなければ、自分の意見が通らないということはないのです。

メンタルを強くするために53

「いいね！」より「私は違う」に強くなろう。

54

好きなことのためのガマンはいい。嫌われないためのガマンはキレる。

ガマンをしたほうがいいのか、しなくていいのかは、なんのためのガマンかで分かれます。

メンタルの弱っている人は、「私はこんなにガマンしている」とガマン強いタイプが多いのです。

ふだんから自分を殺してガマンしているからです。

それは、嫌われないためのガマンです。

結果として、自分のメンタルが弱くなります。

メンタルが強くなるためのガマンは、好きなことのためにするガマンです。

嫌われないためのガマンと、好きなことのためのガマンは違います。

同じガマンをするにしても、まず「今、自分はガマンしているな。これは嫌われないためのガマンかな。好きなことのためのガマンかな」と考えます。

好きなことのためのガマンをしていけば、メンタルは弱くならないのです。

メンタルを強くするために54

好きなことのために、ガマンしよう。

55

不安を感じながら、鼻歌は歌えない。見栄を張りながら、鼻歌は歌えない。

メンタルの弱っている人は、鼻歌を歌えません。

よくお風呂場で歌っているのが鼻歌です。

お風呂場で鼻歌を歌うのはいいのです。

お風呂場では、体が温まっていて、湿度が高く、誰にも聞こえなくて、エコーがかかるのでうまく聞こえます。

しかも、誰にも聞かせようとしていません。

人目を気にせずリラックスした状態で鼻歌を歌うことが、一番大切です。

お風呂場で歌う鼻歌が、メンタルの最も強い状態なのです。

鼻歌を歌うと、メンタルが強くなります。

メンタルを強くするために55

鼻歌を歌おう。

56

リラックスとは、他人の目線を気にしない状態だ。

カラオケに行くと、「みんなの前でちゃんと歌おう」と考えます。

これは、鼻歌ではありません。

「鼻歌を歌ってごらん」と言われて、カラオケでみんなの前で発表会のように歌う姿勢は、最もメンタルが弱くなります。

不安を感じたり、見栄を張りながら鼻歌を歌うことはできません。

メンタルのある人は、不安を感じず、見栄も張ることなく、道を歩きながら鼻歌を歌えます。

子どもは、歌いながら走ります。

子どもは、まだメンタル的に強いからです。

見栄も張らないし、不安も感じていません。

大人になると、「上手に歌わなければ」と考えます。

カラオケに行って「これ、歌ったことないんだけど」とひと言挟む時点で、その人は見栄を張っています。

ボウリングに行って、投げる前に「20年ぶりかな」と言う人がいます。

「そんなことないよ。この間、練習に来てたじゃないか」と言われているのに、20年ぶりのようなフリをして投げようとする人は、力んでいます。

これがメンタルを弱くするのです。

メンタルを鍛えるためには、まずお風呂で鼻歌を歌ってみることです。

そうすると、どこでも、歩きながらでも鼻歌が歌えるようになるのです。

メンタルを
強くする
ために56

人の目を気にしないことに、熱中しよう。

57

不安な人は、自然を感じなくなる。

メンタルの弱っている人は、自然描写がなくなります。

ウツで自殺する人の日記には、自然に関する描写がひと言も出てきません。

日記には、「○月△日　晴れ」と書くことが大切です。

「晴れ」は自然描写だからです。

ところが、落ち込んでいる時は、暑い日だったのか、寒い日だったのか、その日の天気をいっさい覚えていません。

会って最初に「だいぶ暖かくなりましたね」と言うやりとりは、実はお互いのメンタルを上げる会話なのです。

メンタルの弱っている人は、その日の気温に関係ない服を着ます。

「あれ、今日はもう暖かいのに、なんで着込んでいるんだろう」と思うような格好をします。

メンタルが下がると、自然が目に入りません。


自然が目に入ることによって、メンタルは上がります。


都市生活者は「自然はどこにあるんだ」と言いますが、空は自然です。

うつむいて、地面しか見ていない人は、空を見ていないのです。

地面の上は空です。

どんな高層建築の中にも空はあります。

窓のない、空が見えないところにいると、メンタルは下がります。

病院モノのドラマでは、屋上でのやりとりがあるのは定番です。

主役は、必ず屋上でやりとりをします。

厳密には、「事故があってはいけないから屋上には出られない」と病院の人が言っていました。
それでも、ドラマのウソとして、屋上の絵が欲しいのです。

メンタルを強くするために57

自然を味わおう。

58

いい子に、ならない。悪い子にも、ならない。

『欽ドン！』は、「良い子」「悪い子」「普通の子」という設定が奥深いのです。
「普通の子」の設定は、なかなか出せません。これが萩本欽一さんの愛情です。
世の中は、ほとんどが普通の子です。
いい子になるのは、しんどいです。
たまにはだらしなくしたいし、サボりたいし、手を抜きたいのです。
それでも一生懸命やるのが、いい子です。
悪い子も、悪いことばかりでは飽きます。
たとえば、大阪の電車では、ヤンチャな兄ちゃん3人組が足を組んで「おらア」と座っています。ところが、おばあちゃんが来たら、３人ともさっと立ちます。

おばあちゃんには、妙に優しいのです。

いい人なのか、悪い人なのか、わからなくなります。

いい子だって、たまにはサボりたいのです。

悪い子だって、たまにはいいことをしたいのです。

「いい子をやめなさい」と言われて、「じゃ、悪い子になれということですか」と言うのは、二元論です。

「タバコを吸ってはいけないところでタバコを吸えばいいんですか」とか、ムリに嫌われるようなことをする必要はありません。

いい子でもなく、悪い子でもなく、普通であればいいのです。

メンタルを強くするために58

いい子・悪い子キャラをやめよう。

59

マナーの悪い人は、ウッになる。マナーのいい人は、テンションが上がる。

メンタルを強くしたいと思うなら、マナーをよくすることです。

たとえば、クルマを運転していて窓からタバコを捨てる人は、眉間《みけん》にシワが寄って、不機嫌な顔をしています。

もともと不機嫌でイライラしている人が、クルマの窓からタバコを捨てるのではありません。

窓からタバコを捨てるというマナーの悪いことをするから、不機嫌になるのです。

新幹線で黙ってリクライニングシートをいきなり倒してくる人も、不機嫌な顔をしています。

うしろの人が不機嫌になるのは当たり前です。

それだけでなく、リクライニングシートをいきなり倒すマナーの悪い人が不機嫌になるのです。

原因は、行動の側にあります。

感情がもとで行動が起こるのではなく、行動がもとで感情が湧いてくるのです。

お弁当を食べている最中、前の人がいきなりシートを倒したためにお茶が倒れた時、その人の行動は2通りに分かれます。

① 前の人に仕返しができず、うしろの人に仕返しをする

「いきなり倒してやれ」「お茶飲んでいるところを見はからって倒してやれ」と、自分もリクライニングシートをいきなり倒します。

これが報復です。

世界の戦争は、リクライニングシートの倒し合いと同じなのです。

② 前の人に文句を言うかわりに、うしろの人に超感じよく「すみません、椅子を倒していいですか」と言う

こういう報復もあるのです。

そうすると、突然、感じ悪い人の次にあらわれた神様のような人になります。

前の人のおかげで、自分が神様になれるのです。

①の「うしろの人に仕返しをする」は、メンタルが下がります。

マナーの悪い人に感染してしまうのです。

②の「超感じよく言う」は、メンタルが上がります。

この時、「なんだ、前のヤツ」と、ムッとしないことです。

ムッとする人は、視野が狭いのです。

「この人が黙って倒したのは、この前の人がそうしたからだな。その報復を自分にしたんだ」と考えてあげると、前の人が起点になりません。

前の人も被害者だと考えられると、その車両一の神様になれるのです。

前の人が感じよく「椅子を倒していいですか」と言った場合も、うしろの人に伝染します。

次の人も「椅子を倒していいですか」と言いますが、前の人のほうがカッコいいです。

最初に言った人が一番感じいいのです。

そういう人と接することが大切です。

ふだんから負のオーラを出している人とかかわり合わないことです。

ただし、会社の中では接する人を選べません。

上司が怒鳴った時は、いきなりリクライニングシートを倒してくる人と同じです。

その時にムッとして、自分が勝てる相手に怒りをぶつけると、自分のメンタルはもっと下がります。

上司にいきなりリクライニングシートを倒された時は、「チャンスボールが来た」

と思えばいいのです。

うしろの人に感じよく「すみません、椅子を倒していいですか」とキムタクのような顔で言うと、自分のメンタルが上がります。

メンタルが下がるような事態が起こった時は、メンタルを上げるチャンスなのです。

メンタルを強くするために59

マナーよくしよう。

60

おわりに

何回失敗しても、終わりではない。成功より、改善しよう。

あるヘッドハンティングをしている人が、「転職先を紹介したのに、内定を辞退する志望者がいる」とムッとしました。

このヘッドハンターのメンタルは完全に下がっています。

「内定を辞退するなら、なぜ依頼をして、面接を受けるのか」と怒っているのです。

これは、志望者の気分が変わる権利を認めていないのです。

志望者は、「内定をもらったけど、なんか違う。働いてから辞めると迷惑がかかるから、内定を辞退しよう」と判断したのです。

この時、「私がこんなにしてあげているのに、それなら最初から申し込まないで」とイラッとする感情が湧いている人は、改善策が浮かびません。

怒りのほうが先に立って、そこにエネルギーを使ってしまうからです。

「こういうことは何回でも起こる」と早く気づくことです。

「何回も起きたということは、なにか改善の余地があるな」と考えればいいのです。

失敗は、改善するチャンスです。

たとえ内定辞退ということが起きても、「もう私の人生は終わった」と考えないことです。

ボクシングでは、何回かダウンすると「テクニカルノックアウト」で負けたことになります。

人生には、テクニカルノックアウトはありません。

何回失敗しても、改善している限りはチャンスが与えられるのです。

ところが、メンタルの弱っている人は、究極、1回の失敗で「終わった」と考えます。

「3回失敗したら、三振でしょう」と言うのは間違っています。

僕が子どものころ、野球のルールで「ファウルは36回したら三振」という都市伝説がありました。

実際は、ファウルは何本打ってもいいのです。

子どもの野球は時間がかかると、晩ごはんの時間に親が迎えに来ます。「ファウルは36回まで」というのは、親が迎えに来るまでに早く終わらせなければならないというローカルルールだったのです。

このルールでアウトになったことは、一度もありませんでした。

人生は、何回失敗してもチャンスがなくなるということはありません。

だから、大丈夫です。

メンタルを強くするために60

失敗のたびに、改善していこう。

『面白くなければカッコよくない』
『たった一言で生まれ変わる』
『スピード自己実現』
『スピード開運術』
『20代自分らしく生きる45の方法』
『受験の達人2000』
『大人になる前にしなければならない50のこと』
『会社で教えてくれない50のこと』
『大学時代しなければならない50のこと』
『あなたに起こることはすべて正しい』

【PHP研究所】
『なぜランチタイムに本を読む人は、成功するのか。』
『なぜあの人は余裕があるのか。』
『中学時代にガンバれる40の言葉』
『叱られる勇気』
『40歳を過ぎたら「これ」を捨てよう。』
『中学時代がハッピーになる30のこと』
『14歳からの人生哲学』
『受験生すぐにできる50のこと』
『高校受験すぐにできる40のこと』
『ほんのささいなことに、恋の幸せがある。』
『高校時代にしておく50のこと』
『中学時代にしておく50のこと』

【PHP文庫】
『頑張ってもうまくいかなかった夜に読む本』
『もう一度会いたくなる人の話し方』
『お金持ちは、お札の向きがそろっている。』
『たった3分で愛される人になる』
『自分で考える人が成功する』
『大学時代しなければならない50のこと』

【だいわ文庫】
『「つらいな」と思ったとき読む本』
『27歳からのいい女養成講座』
『なぜか「HAPPY」な女性の習慣』
『なぜか「美人」に見える女性の習慣』
『いい女の教科書』
『いい女恋愛塾』
『やさしいだけの男と、別れよう。』
『「女を楽しませる」ことが男の最高の仕事。』
『いい女練習帳』
『男は女で修行する。』

【学研プラス】
『美人力』

【阪急コミュニケーションズ】
『いい男をつかまえる恋愛会話力』
『サクセス&ハッピーになる50の方法』

【あさ出版】
『「いつまでもクヨクヨしたくない」とき読む本』
『「イライラしてるな」と思ったとき読む本』

【きずな出版】
『いい女は「言いなりになりたい男」とつきあう。』
『ファーストクラスに乗る人の人間関係』
『いい女は「変身させてくれる男」とつきあう。』
『ファーストクラスに乗る人の人脈』
『ファーストクラスに乗る人のお金2』
『ファーストクラスに乗る人の仕事』
『ファーストクラスに乗る人の教育』
『ファーストクラスに乗る人の勉強』
『ファーストクラスに乗る人のお金』
『ファーストクラスに乗る人のノート』
『ギリギリセーーフ』

【ぱる出版】
『なぜ、あの人は「本番」に強いのか』
『セクシーな男、男前な女。』
『運のある人、運のない人』
『器の大きい人、器の小さい人』
『品のある人、品のない人』

【リベラル社】
『一流の話し方』
『一流のお金の生み出し方』
『一流の思考の作り方』
『一流の時間の使い方』

【秀和システム】
『ホテルで朝食を食べる人は、うまくいく。』
『なぜいい女は「大人の男」とつきあうのか。』
『服を変えると、人生が変わる。』

【水王舎】
『「人脈」を「お金」にかえる勉強』
『「学び」を「お金」にかえる勉強』

【主婦の友社】
『なぜあの人は40代からモテるのか』
『輝く女性に贈る 中谷彰宏の運がよくなる言葉』
『輝く女性に贈る 中谷彰宏の魔法の言葉』

【パブラボ】
『ほめた自分がハッピーになる「止まらなくなる、ほめ力」』
『「ひと言」力。』

【日本実業出版社】
『一流の人が言わない50のこと』
『一流の男 一流の風格』

【日本経済新聞出版社】
『人は誰でも講師になれる』
『会社で自由に生きる法』

【ぜんにち出版】
『モテるオヤジの作法2』
『かわいげのある女』

【DHC】
書画集『会う人みんな神さま』
ポストカード『会う人みんな神さま』

『一流の人のさりげない気づかい』（KKベストセラーズ）
『「お金持ち」の時間術』（二見書房・二見レインボー文庫）
『名前を聞く前に、キスをしよう。』（ミライカナイブックス）
『なぜかモテる人がしている42のこと』（イースト・プレス 文庫ぎんが堂）
『変える力。』（世界文化社）
『なぜあの人は感情の整理がうまいのか』（中経出版）
『全力で、1ミリ進もう。』（文芸社文庫）
『「気がきくね」と言われる人のシンプルな法則』（総合法令出版）
『なぜあの人は強いのか』（講談社+α文庫）
『3分で幸せになる「小さな魔法」』（マキノ出版）
『大人になってからもう一度受けたい コミュニケーションの授業』（アクセス・パブリッシング）
『運とチャンスは「アウェイ」にある』（ファーストプレス）
『大人の教科書』（きこ書房）
『壁に当たるのは気モチイイ 人生もエッチも』（サンクチュアリ出版）
『ハートフルセックス』【ロング新書】（KKロングセラーズ）

＜面接の達人＞
【ダイヤモンド社】
『面接の達人 バイブル版』
『面接の達人 面接・エントリーシート問題集』

【中谷彰宏の主な作品一覧】

＜ビジネス＞

【ダイヤモンド社】

『50代でしなければならない55のこと』
『なぜあの人の話は楽しいのか』
『なぜあの人はすぐやるのか』
『なぜあの人の話に納得してしまうのか[新版]』
『なぜあの人は勉強が続くのか』
『なぜあの人は仕事ができるのか』
『なぜあの人は整理がうまいのか』
『なぜあの人はいつもやる気があるのか』
『なぜあのリーダーに人はついていくのか』
『なぜあの人は人前で話すのがうまいのか』
『プラス１％の企画力』
『こんな上司に叱られたい。』
『フォローの達人』
『女性に尊敬されるリーダーが、成功する。』
『就活時代しなければならない50のこと』
『お客様を育てるサービス』
『あの人の下なら、「やる気」が出る。』
『なくてはならない人になる』
『人のために何ができるか』
『キャパのある人が、成功する。』
『時間をプレゼントする人が、成功する。』
『ターニングポイントに立つ君に』
『空気を読める人が、成功する。』
『整理力を高める50の方法』
『迷いを断ち切る50の方法』
『初対面で好かれる60の話し方』
『運が開ける接客術』
『バランス力のある人が、成功する。』
『逆転力を高める50の方法』
『最初の３年　その他大勢から抜け出す50の方法』
『ドタン場に強くなる50の方法』
『アイデアが止まらなくなる50の方法』
『メンタル力で逆転する50の方法』
『自分力を高めるヒント』
『なぜあの人はストレスに強いのか』
『スピード問題解決』
『スピード危機管理』
『一流の勉強術』
『スピード意識改革』
『お客様のファンになろう』
『大人のスピード時間術』
『なぜあの人は問題解決がうまいのか』
『しびれるサービス』
『大人のスピード説得術』
『お客様に学ぶサービス勉強法』
『大人のスピード仕事術』
『スピード人脈術』
『スピードサービス』
『スピード成功の方程式』
『スピードリーダーシップ』
『大人のスピード勉強法』
『一日に24時間もあるじゃないか』
『出会いにひとつのムダもない』
『お客様がお客様を連れて来る』
『お客様にしなければならない50のこと』
『30代でしなければならない50のこと』
『20代でしなければならない50のこと』
『なぜあの人の話に納得してしまうのか』
『なぜあの人は気がきくのか』
『なぜあの人はお客さんに好かれるのか』
『なぜあの人は時間を創り出せるのか』
『なぜあの人は運が強いのか』
『なぜあの人にまた会いたくなるのか』
『なぜあの人はプレッシャーに強いのか』

【ファーストプレス】

『「超一流」の会話術』
『「超一流」の分析力』
『「超一流」の構想術』
『「超一流」の整理術』
『「超一流」の時間術』
『「超一流」の行動術』
『「超一流」の勉強法』
『「超一流」の仕事術』

【PHP研究所】

『［図解］お金も幸せも手に入る本』
『もう一度会いたくなる人の聞く力』
『もう一度会いたくなる人の話し方』
『【図解】仕事ができる人の時間の使い方』
『仕事の極め方』
『【図解】「できる人」のスピード整理術』
『【図解】「できる人」の時間活用ノート』

【PHP文庫】

『中谷彰宏　仕事を熱くする言葉』
『入社３年目までに勝負がつく77の法則』

【オータパブリケイションズ】

『せつないサービスを、胸きゅんサービスに変える』
『レストラン王になろう２』
『改革王になろう』
『サービス王になろう２』
『サービス刑事』

【あさ出版】

『気まずくならない雑談力』
『人を動かす伝え方』
『なぜあの人は会話がつづくのか』

【学研プラス】

『嫌いな自分は、捨てなくていい。』
文庫『すぐやる人は、うまくいく。』
『シンプルな人は、うまくいく。』
『見た目を磨く人は、うまくいく。』
『決断できる人は、うまくいく。』
『会話力のある人は、うまくいく。』
『片づけられる人は、うまくいく。』
『怒らない人は、うまくいく。』
『ブレない人は、うまくいく。』
『かわいがられる人は、うまくいく。』
『すぐやる人は、うまくいく。』

『仕事は、最高に楽しい。』　（第三文明社）
『「反射力」早く失敗してうまくいく人の習慣』　（日本経済新聞出版社）
『伝説のホストに学ぶ82の成功法則』　（総合法令出版）
『リーダーの条件』　（ぜんにち出版）
『成功する人の一見、運に見える小さな工夫』　（ゴマブックス）
『転職先はわたしの会社』　（サンクチュアリ出版）
『あと「ひとこと」の英会話』　（ＤＨＣ）

＜恋愛論・人生論＞

【ダイヤモンド社】

『なぜあの人は逆境に強いのか』
『25歳までにしなければならない59のこと』
『大人のマナー』
『あなたが「あなた」を超えるとき』
『中谷彰宏金言集』
『「キレない力」を作る50の方法』
『お金は、後からついてくる。』
『中谷彰宏名言集』
『30代で出会わなければならない50人』
『20代で出会わなければならない50人』
『あせらず、止まらず、退かず。』
『明日がワクワクする50の方法』
『なぜあの人は10歳若く見えるのか』
『成功体質になる50の方法』
『運のいい人に好かれる50の方法』
『本番力を高める57の方法』
『運が開ける勉強法』
『ラスト３分に強くなる50の方法』
『答えは、自分の中にある。』
『思い出した夢は、実現する。』

〈著者略歴〉

中谷彰宏（なかたに　あきひろ）

1959年、大阪府生まれ。早稲田大学第一文学部演劇科卒業。博報堂に入社し、8年間のCMプランナーを経て、91年に独立し、株式会社中谷彰宏事務所を設立。人生論、ビジネス書から恋愛エッセイ、小説まで、多くのロングセラー、ベストセラーを世に送り出す。

「中谷塾」を主宰し、全国でワークショップ、講演活動を行う。

【中谷彰宏公式サイト】http://www.an-web.com/

※本の感想など、どんなことでも、お手紙を楽しみにしています。
他の人に読まれることはありません。**僕は、本気で読みます。**

中谷彰宏

（送り先）
〒601-8411　京都市南区西九条北ノ内町11
株式会社ＰＨＰ研究所　文芸教養出版部気付　中谷彰宏　行
＊食品、現金、切手等の同封は、ご遠慮ください。（文芸教養出版部）

メンタルが強くなる60のルーティン

2016年6月29日　第1版第1刷発行

著者　中谷彰宏
発行者　安藤卓
発行所　株式会社ＰＨＰ研究所
京都本部　〒601-8411　京都市南区西九条北ノ内町11
文芸教養出版部　☎075-681-5514（編集）
東京本部　〒135-8137　江東区豊洲5-6-52
普及一部　☎03-3520-9630（販売）
PHP INTERFACE　http://www.php.co.jp/
制作協力
組版　株式会社PHPエディターズ・グループ
印刷所
製本所　図書印刷株式会社

ISBN978-4-569-83379-8